Reinhard Heubner

Geschichten
aus Kleindottersdorf

11/11

Geschichten aus Kleindottersdorf

Erlebnisse des Pfarrers Klaus Gräf
von Reinhard Heubner

Illustrationen von Julia Heubner

Geschichten aus Kleindottersdorf
Oktober 2011

© Reinhard Heubner, 2011
Illustrationen von Julia Heubner, 2011

Gesamtherstellung und Verlag:
Druck- und Verlagshaus Thiele & Schwarz GmbH, Kassel

ISBN 978-3-87816-119-6

Inhalt

Alle hatten es gewusst 10
Hier sieht's ja aus wie bei Hempels 13
Die Kuh kriegt ein Kind 20
Heiligabend brennt's im Pfarrhaus 30
Erinnerungen 38
Hilfe, meine Frau bringt mich um 43
Die Tischnachbarin 52
Was, du bist Pfarrer? 56
Kleindottersdorf singt und versackt 61
Religion „Vier" 65
Sabine kommt zu Besuch 69
Streit ums Land 75
Alt trifft Jung 81
Muss Martin sterben? 87
Überraschung beim Traugespräch 92
Dunkle Wolken über dem Glück 97
Rauschen im Krankenzimmer 101
„Willst du meine Frau werden?" 107

Das alte Pfarrhaus liegt mitten im Dorf. Fachwerkbalken zieren die Eingangsseite. Die Rückseite ist mit unschönem grauem Schiefer gegen Wind, Regen und ungeistliche Strahlen verkleidet. Was früher Scheune, Kuh- und Schweinestall war, ist heute Gemeindehaus. An den Umbau vor 24 Jahren erinnern sich nur wenige Seelen in dem kleinen Dorf. Längst hat die Jugend die Kellerräume in Besitz genommen. Im großen Saal übt der Kirchenchor, treffen sich die Kinder zum Kindergottesdienst und die Alten zum Seniorenstammtisch. Donnerstags beten ein paar Unentwegte bei Kerzenschein für den Frieden, nachdem sie zuvor die Unordnung der Krabbelgruppe beiseite geräumt haben.

Lange Monate war es dunkel im Pfarrhaus. Kein Lichtschein, kein Kindergeschrei, kein Pfarrerauto, das unentwegt unterwegs ist. Nur dienstags arbeitet Frau Theis als Pfarramtssekretärin, stellt Patenscheine aus, heftet die Sterbeurkunden ein und erledigt die Post. Die Menschen in Kleindottersdorf haben sich an die pfarrerlose Zeit gewöhnt. Der eine oder andere Interessent schaute vorbei, besichtigte Pfarrhaus und manchmal sogar die Kirchen der drei Dörfer. Darunter sogar eine Theologin mit großem Hut, erinnert sich die Vorsitzende des Kirchenvorstandes, Helene Rüdiger. Sie stand Rede und Antwort und hörte dann nichts mehr von der Geistlichkeit.

Sicher, es gibt keine Schule, keinen Kindergarten, keinen Arzt und keine Apotheke im Ort, nur einen kleinen

Laden, der sich gerade so über Wasser hält. Das andere bieten die größeren Orte, wenige Kilometer entfernt. Manchmal hat Frau Rüdiger schon ihren Zweifel, ob die Bewerber eine Pfarrstelle zum Arbeiten als Seelsorger suchen oder nur zum Wohlfühlen.

Dann kam Pfarrer Klaus Gräf. Ohne Frau, aber mit zwei Kindern, der sechzehnjährigen Friederike, und Martin war gerade dreizehn geworden. Helene Rüdiger schüttelt den Kopf, der Kirchenvorstand diskutiert, der Dekan schweigt. Schließlich ist man sich einig: „Wenn wir den nicht nehmen, schickt der Bischof keinen mehr und wir kriegen noch länger keinen Pfarrer mehr."

Einstimmig wählt man Pfarrer Klaus Gräf zum neuen Seelsorger von Kleindottersdorf. Dekan Schütz nimmt's wohlwollend zur Kenntnis. Wieder ein Kirchenkreisproblem gelöst.

Zwei Tage vor dem Reformationsfest hält der Möbelwagen vor dem Pfarrhaus. „Umzüge aller Art" lesen die Kinder des Dorfes, als der Schulbus zwischen Gasthaus, Kirche und Pfarrhaus wie gewohnt anhält und die kreischende Kindermeute in die dörfliche Freiheit entlässt. Abends brennt wieder Licht im Pfarrhaus. Klaus Gräf, Friederike und Martin haben das große Haus bezogen. Gardinen hängen noch keine, aber der Pfarrer spielt Klavier, wie Gasthausbesucher bemerken.

„Kinder, das ist jetzt unsere neue Heimat", sagt der Vater beim Abendessen. Er hat drei Pizzen in den Ofen geschoben. Friederike und Martin sagen nichts, schauen nur aus dem Esszimmerfenster auf den Bauernhof gegenüber. „Was für ein Nest", murmelt Friederike und denkt an ihren Götz in der zurückgelassenen Stadt. Wir schreiben uns jeden Tag eine E-Mail und ganz viele SMS, hatten sie sich versprochen. Am Wochenende wird sie ihn wiedersehen. Nur raus hier, träumt sie im Halbschlaf und schläft todmüde ein.

„Papa, ob das alles so richtig war?", fragt Martin seinen Vater in seinem neuen Zimmer und weiß genau, dass sein Vater nach der Scheidung keine große Wahl hatte.

Alle hatten es gewusst

Pfarrer Klaus Gräf erinnerte sich gut an seinen vierzigsten Geburtstag. Alle hatten gratuliert. Der Kirchenvorstand glänzte morgens mit einem Präsentkorb, der Posaunenchor spielte: „Bis hierher hat mich Gott gebracht", und die Kinder des Kindergartens sangen: „Froh zu sein bedarf es wenig" und setzten ihrem Pfarrer eine Krone mit der Zahl Vierzig auf die leicht ergrauten Haare. Seine Frau Irene bot Sekt an und die Kinder selbst zubereitete Schnittchen.

Abends wurde im Gemeindesaal gefeiert bis zum frühen Morgen. Schon lange hatten Irene und Klaus nicht mehr zusammen so viel getanzt. Zärtlich legte er seine Hand um ihre schmale Taille und flüsterte ihr ins Ohr: „Danke für diesen Tag und dass Du es so lange mit mir ausgehalten hast."

Sein bester Freund Manfred ließ es sich natürlich wieder nicht nehmen, ihn und seine Arbeit tüchtig durch den Kakao zu ziehen. „Seinen Humor müsste man haben", dachte er bewundernd und ahnte nicht, dass seine Irene und sein bester Freund längst ein Paar waren.

Alle hatten es gewusst, nur er nicht. Wie Schuppen fiel es ihm von den Augen, als er ein bisschen früher als geplant von der Konfirmandenfreizeit nach Hause kam, den Anrufbeantworter abhörte und eine persönliche Nachricht von Manfred an Irene hören musste,

mit lieber Schatz, Küsschen und einer Verabredung. Irene leugnete nichts, gab keine Gründe zum Besten, packte ihre Sachen und ging. Einfach so.

Neunzehn Jahre waren die beiden verheiratet. Klaus Gräf wurde krank, heulte und fragte sich immer wieder, was er nur falsch gemacht hatte. Er liebte seine Frau, wollte sie nicht verlieren. Da war der herrliche Urlaub im Sommer an der Ostsee. Selbst die Kinder ließen es sich nicht nehmen, mitzufahren. Alle waren glücklich, so unbeschwert. Sicher, er wunderte sich, dass seine Frau oft ihre Mutter anrief, um sich nach dem Gesundheitszustand zu erkundigen. Heute ahnt er, das waren Gespräche mit seinem Freund.

Dass es ihn so treffen könnte, damit hatte er nie gerechnet. Hochzeiten waren ihm plötzlich ein Gräuel. Er trauerte, rief bei seinem ehemaligen Freund an, wollte seine Frau sprechen. Die legte den Hörer immer auf. Er fuhr zu ihrer Arbeitsstelle, wollte sie sehen, mit ihr reden. Sie gab ihm keine Chance. Bei seinen Freunden klagte er, trank einen Wein oder zwei, zu oft zu viel.

Wie ein Schatten seiner selbst lief der einst fröhliche Pfarrer Klaus Gräf durch die Gemeinde. Sonntags predigte er von der Liebe Gottes, machte dazu ein gelassenes Gesicht, verabschiedete die Leute lächelnd am Ausgang und sagte, wenn jemand fragte „Wie geht's?": „Danke, es geht." Vom zuständigen Dekan kam keine große Hilfe, der Kirchenvorstand nahm's mit Fassung, aber alle wussten, in der Gemeinde konnte er nicht bleiben.

Friederike würde am liebsten bei der Mutter bleiben, doch nach München wollte sie nicht ziehen. Martin war's egal. In der Schule war er keine Leuchte, Mathe fünf und Englisch knapp ausreichend. Eine neue Schule wäre nicht von Übel, dachte er, nahm seine Katze „Grünspan" in den Arm, setzte die Kopfhörer auf und verschwand in die Welt des CD-Spielers. „Mama hat einen Knall", dachte er, „und dann noch mit diesem blöden Schleimer."

Martin war gespannt auf Kleindottersdorf. „Ob die da Fußball spielen?" Klaus Gräf wälzte sich im Bett hin und her, fand wieder keinen Schlaf, dachte an Irene. Trauer und Wut hielten sich die Waage. „Was soll ich allein in Kleindottersdorf?"

Hier sieht's ja aus wie bei Hempels

„Friederike, Martin, aufstehen", rief Klaus Gräf. „Ihr müsst in die Schule." Der Vater hatte die Nesquikdose auf den Tisch gestellt, heiße Milch, Toastbrot, Marmelade, Wurst und Käse. Friederike bevorzugte grünen Tee und benötigte ihre Zeit im Bad. Die anderen in der Schule sollten schließlich einen guten Eindruck bekommen. Hauteng lag die Bluse am Körper: Der Bauchnabel lag frei und ein Silberring glänzte sehr zum Unwillen des Vaters. „Du wirst dich erkälten", meinte er nur. „Ach, Papa, du hast keine Ahnung, was ‚in' ist", war die gewohnte Antwort.

Vielleicht habe ich wirklich keine Ahnung mehr von dem, was meine Kinder beschäftigt, dachte er und beschloss, sich in Kleindottersdorf Zeit für sie zu nehmen. Martin saß ungekämmt am Frühstückstisch und aß das dritte Toastbrot. Friederike verschlang einen Diätjoghurt und dann verschwanden beide erstmalig aus dem neuen Pfarrhaus ins dörfliche Leben.

Neugierig beäugten die Dorfkinder die Neuen. „Ich bin Julia", sagte eine und tat gleich ganz vertraut. „Ich bin Sascha", nuschelte ein langwüchsiger Knabe und ob man sich nicht nach der Schule noch treffen wolle. Martin sah derweilen, wie Sven und Björn sich kunstvoll einen kleinen Tennisball zukickten. „Die sind richtig, da mache ich mit", und schon waren sie zu dritt.

Hätte nicht der Schulbusfahrer gehupt, wären sie vor lauter Begeisterung nicht eingestiegen. Klaus Gräf ordnete den Esstisch, stellte die Spülmaschine an, legte die schmutzigen Handtücher in die Waschmaschine und ging dann in das Zimmer mit dem Schild „Amtszimmer". Es sah aus wie Kraut und Rüben. Zuerst die Bücher auspacken, vor allem die Predigthilfen, dachte er, als es an der Tür läutete.

Mein Gott, wer kann das denn sein um diese Zeit, murmelte er und öffnete. Helene Rüdiger stand vor der Tür mit Brot und Salz.

„Herr Pfarrer, herzlich willkommen und dass Sie recht lange bei uns bleiben", sprudelte sie heraus. Helene Rüdiger war seit drei Jahren Witwe, mittlerweile gelernte Großmutter und gerade 62 Jahre geworden.

„Wollen Sie nicht hereinkommen und eine Tasse Kaffee trinken", lud Pfarrer Gräf sie ein. Frau Rüdiger lehnte dankend ab. „Ach, Sie haben doch noch so viel zu tun", und dann gingen sie zusammen ins Wohnzimmer oder das mal eins werden sollte. „Herr Pfarrer, das sieht ja aus wie bei Hempels", meinte die resolute Dame und fragte, ob sie helfen könne. „Und stellen Sie sich nicht so an, ich helfe gerne."

„Also, das ist das Geschirr, das sind die Gläser, das sind, na, Sie sehen schon", meinte Klaus Gräf zögernd, und die beiden schufteten und räumten ein. Mittags waren Ess- und Wohnzimmer zum Wohnen schön. „Wissen Sie was, Frau Rüdiger, ich lade Sie zum Essen ein, den Kindern wird's recht sein. Meine Kochkünste sind noch bescheiden. Aber das lerne ich auch noch. Ich hoffe, McDonalds ist Ihnen recht, das mögen die beiden am liebsten." Friederike und Martin schauten verwundert, als sie ihren Vater seit langem mal wieder lächeln sahen, und Helene Rüdiger nicht genau wusste, wie sie den Big Mac essen sollte.

So gut ist er nie gewesen

Martin, Sven und Björn hatten Freundschaft geschlossen, Sascha baggerte um Friederike, die nur noch 27 SMS in der Woche an Götz sandte. Außerdem, so schlimm war das Landleben gar nicht, dachte sie und freute sich schon auf den nächsten Schultag.

Der Physiklehrer hatte es ihr angetan. Tiefbraune Haare, blaue Augen, breite Schultern, ein Mann wie aus dem Bilderbuch, eben zum Verlieben. Sascha nahm sie huldvoll zur Kenntnis und Samstagabend ging's zur Disco ins Nachbardorf nach Großdottersdorf. Nicht gerade das städtische „Manhattan", aber Hauptsache raus.

Klaus Gräf hat Ordnung im Pfarrhaus. Im Arbeitszimmer stehen die Bücher geordnet, hier die Taufe, da die Hochzeiten, dort die besonderen Anlässe und dann die vielen theologischen Bücher, Lexika und Kommentare. Das hebräische Alte Testament und das griechische Neue Testament haben ihren Platz neben dem lateinischen Wörterbuch und der Konkordanz. Daneben gewichtig die Agende. Im Büro dahinter mit der unvermeidlichen Registratur und den alten Kirchenbüchern hängt der Talar, immer mit gebügeltem Beffchen. Das ist ihm wichtig.

Klaus Gräf ist ein stattlicher Mann mit Gardemaß von 1 Meter 84. Der leichte Bauchansatz kommt vom vielen Kaffee und Kuchen bei Geburtstagsbesuchen, denkt er und beschließt, wieder zu laufen.

„Durch die Gemeinde gehen, mit den Leuten reden", das ist sein Arbeitsrezept. Vom Arbeitszimmer sieht er in den Pfarrgarten. Das Laub müsste zusammengerecht werden. Das könnte Martin machen, aber der spielt schon wieder Fußball. Nun gut, nach der Beerdigung ist das ein guter Ausgleich, sagt er sich und liest noch mal über die Ansprache.

Ein alter Arbeiter ist gestorben, Normalfall, so geht er auf den Friedhof. „Liebe Gemeinde, wir nehmen Abschied von Ihrem lieben Mann und geliebten Vater", beginnt er und erzählt von der Liebe Gottes und der Liebe eines Mannes zu den Seinen, so wie die Familie es ihm im Trauergespräch berichtete.

„48 Jahre haben Sie in Ihrer Ehe zusammen Freud und Leid getragen, haben erlebt, was einer dem anderen bedeutet. Jetzt spüren Sie, wie schwer es ist, ohne diesen lieben Mann und Vater leben zu müssen. Da spürt man, wie man eins gewesen ist und jetzt die eine gute Hälfte fehlt."

„Eine schöne Ansprache haben Sie gehalten, Herr Pfarrer", meint Helene Rüdiger, „aber so gut ist der Mann nie gewesen. Der hat oft einen getrunken und dann seine Frau verdroschen, die Kinder wollten zuletzt nichts mehr von ihm wissen, aber nichts für ungut, es war eine schöne Beerdigung. Und schließlich haben Sie es ja nur gut gemeint."

Pfarrer Gräf erspart sich dieses Mal das Trauermahl und recht das Laub zusammen. „Na, Herr Pfarrer, auch bei der Arbeit", ruft anerkennend der Nachbar vom Bauernhof, während der Schweiß dem Pfarrer auf der Stirn steht. Er hat nie geahnt, wie viel Blätter eine Linde im Herbst verlieren kann.

Danach bereitet Klaus Gräf das Abendbrot, fragt nach den Hausaufgaben und geht dann zur Kirchenvorstandssitzung. Die Adventszeit und das Krippenspiel für Heiligabend sollen geplant werden. Er hat da so seine Vorstellungen.

Die Kuh kriegt ein Kind

Pfarrer Klaus Gräf geht in den Gemeindesaal. Birgit Theis, seine Pfarramtssekretärin, hat zur Kirchenvorstandssitzung eingeladen. Irgendwo müssen Streichhölzer liegen. Dann zündet er eine Kerze am Adventskranz an. Auf den hellen Tischen liegen Tannenzweige, stehen Spekulatius und Dominosteine. Helene Rüdiger ist, wie immer, die erste der Kirchenvorstandsmitglieder.

„Frau Meinhard kommt ein bisschen später, Herr Pfarrer, sie hat noch eine Kundin in ihrem Geschäft." Christiane Meinhard ist neu im Kirchenvorstand. Ihr Frisörgeschäft ließ kaum Zeit für andere Aktivitäten. Bauer Ottmar Heinrich hört man schon von weitem. „Mein Gott, kann denn keiner hier mal das Außenlicht anmachen? Es ist ja stockduster", poltert er. Dann kommen sie alle, Thomas John, Meister bei VW, der Finanzbeamte Uwe Wolf und Sabine Berger, Mutter von drei kleinen Kindern.

„Macht hoch die Tür", stimmt Klaus Gräf an und dann singen die Frauen und Männer kräftig das vertraute Adventslied.

Pfarrer Gräf spricht in der Andacht vom Licht, das Jesus in die Welt brachte. Bauer Heinrich schmunzelt und denkt an die Kuh im Stall, die in der Nacht kalben soll. Frau Meinhard ist müde und ahnt bei der Tagesordnung Schlimmes. „Hoffentlich kommt der neue

Pfarrer schneller zu Rande als der letzte", stöhnt sie innerlich und denkt mit Grauen an den Wecker, der um fünf Uhr klingelt. Da dreht sich der Pfarrer noch mal um.

Die Weihnachtsfeiern und die Gottesdienste sind der erste Punkt. „Kindergarten und Kindergottesdienst übernehmen wie in jedem Jahr das Krippenspiel", betont Sabine Berger. „Sie brauchen im Heiligabend-Gottesdienst um 16 Uhr dann nur noch eine kurze Ansprache zu halten." Gesangverein und Posaunenchor haben sich bereit erklärt, die Christvesper um 23 Uhr musikalisch zu gestalten. So weit, so friedlich.

Dann schlägt Herr John vor, den Familiengottesdienst um 16 Uhr aus der Kirche ins Freie, auf den Platz vor dem Dorfgasthaus, zu verlegen. Helene Rüdiger glaubt, nicht richtig gehört zu haben. „Der Gottesdienst, gerade an Heiligabend, gehört in die Kirche", und ihre blitzenden Augen deuten an, wie ernst es ihr mit ihrer geheiligten Kirche ist.

„Warum draußen?", fragt Pfarrer Gräf. „Der Familiengottesdienst ist eine Zumutung", sagt Thomas John. „Die Kinder haben geübt, führen das Krippenspiel auf und keiner schaut mehr richtig zu. Die einen unterhalten sich, die andern hätten am liebsten noch Glühwein in der Kirche. Deshalb mein Vorschlag, wir gehen raus auf den Platz. Die Leute stellen Kerzen in die Fenster und auf der großen Gasthaustreppe wird das Krippenspiel aufgeführt. Alle können es sehen. Wer schnuddeln will, stört nicht, und wer einen Glühwein braucht, kriegt auch den. Für die Lautsprecheranlage sorge ich."

Große Stille im Gemeindesaal. Klaus Gräf hält sich zurück. Sabine Berger denkt an ihre drei Kinder.

Natürlich wollen sie in den Gottesdienst. Aber ruhig halten kann sie die drei nicht. Dieser Gottesdienst wäre eine Möglichkeit. Dann wird abgestimmt. Fünf sind für das Weihnachtsexperiment, zwei stimmen dagegen. Der Gottesdienst im Freien steht, aber ohne Glühwein.

Pfarrer Gräf sagt noch, dass er an hohen Festtagen einen weißen Talar trage und ob der Kirchenvorstand Einwände habe. „Passen Sie nur auf, dass das gute Stück nicht schmutzig wird", bemerkt Helene Rüdiger spitz. Sie hat für diesen Abend genug an Neuerungen. Zum Abschluss singen alle vorweihnachtlich gestimmt „Die Nacht ist vorgedrungen".

Just beim Segen platzt Martin in den Gemeinderaum: „Papa, Herr Heinrich soll nach Hause kommen, die Kuh kriegt ein Kind." Aus der adventlichen Vorfreude wird großes Gelächter.

„Herr Pfarrer, wollen Sie mit?", fragt Bauer Heinrich den verdutzten Pfarrer. Die Geburt eines Kalbes, das war neu, das will er sich nicht entgehen lassen.

Im Stall ist extra eine Geburtsecke vorbereitet. Frau Heinrich hat warmes Wasser und Seife bereitgelegt. Die Kuh ist unruhig. Deutlich sieht man am Schleim, dass es jeden Augenblick losgehen kann. „Normalerweise macht Berta das allein, aber wenn das Kalb ein bisschen anders liegt, dann müssen wir helfen", meint beruhigend Ottmar Heinrich zum entsetzt dreinblickenden Klaus Gräf.

„Es hilft nichts, jetzt sind wir dran, Hände waschen und ziehen." Vereint bringen Bauer und Pfarrer das Kalb ans Licht der Welt. Die Nabelschnur ist längst zerrissen. Schweißgebadet reiben die Männer das kleine Lebewesen trocken und legen es der Kuh an zum Trinken. „Biestmilch heißt das bei uns im Dorf, für Sie auch Cholesteralmilch", erklärt Heinrich seinem Pfarrer den letzten Akt. Gräf holt seine Anzugjacke vom Haken.

„Jetzt kann ich einen Schnaps gebrauchen, einen richtigen Bullerschnaps, wie das wohl heißt." „Eine gute Idee", lacht Bauer Heinrich, „und dann taufen wir das Kalb gleich auf Ihren Namen Klaus."

Der Unfall

Graue Wolken ziehen über das Dorf. Ein paar Schneeflocken fallen zur Erde. Es ist kalt. Von der Kirche tönt der Schall der Kirchenglocke. „Beim Gongschlag ist es sieben Uhr", meldet eine weibliche Stimme aus dem Radio. „Sie hören Nachrichten."

Klaus Gräf hantiert in der Küche. „Friederike, möchtest du Brot mitnehmen in die Schule?", fragt er vorsichtig und weiß um die morgendliche Müdigkeit und Sprachlosigkeit seiner großen Tochter. „Papa, danke, ich bin auf Diät."

„Auch keine Plätzchen oder ein Stück Stolle? Frau Rüdiger hat sie selber gebacken."

„Paps, du nervst."

„Ich nehme beides", ruft Martin mit vollem Mund und steckt sich noch ein Vanillekipferl hinein. „Schmecken echt super."

Klaus Gräf lacht: „Du hast auch schon besser geredet. Hast du die Vokabeln für Englisch gelernt?"

„Na klar. Bleib ganz cool, ich bin schon von der fünf auf eine vier aufgestiegen." Ein Abschiedskuss und die Kinder entschwinden zum Schulbus.

Klaus Gräf räumt Teller und Tassen in die Spülmaschine und gönnt sich eine neue Tasse Kaffee. Er genießt diese ruhige Stunde am Morgen. Früher hat er die Tageslosung und den Lehrtext im Griechischen oder Hebräischen nachgelesen. Jetzt tut es Losung und die Tageszeitung.

In Großdottersdorf ist Weihnachtsmarkt, liest er. Das wäre was, mit den Kindern über den Weihnachtsmarkt schlendern, so wie früher, als sie klein waren, Karussell fuhren und von gebrannten Mandeln und Zuckerwatte von Kopf bis Fuß klebten.

Ihm graut vor Weihnachten. So viel muss noch erledigt werden. Wann soll er bloß Geschenke kaufen? Die Predigten, das Krippenspiel, Besuche, Hausabendmahl. Die Adventsfeiern in den Vereinen. Eigentlich liebt er diese Zeit, die Hektik. Es ist wie Hochsaison in der Fabrik, sagt er sich. Doch so allein, wie er sich fühlt, macht vieles keine Freude. Er vermisst seine Frau Irene.

Ob sie in München glücklich ist? Die Kinder reden nichts von ihr. Eigenartig. Sie telefonieren, sagen aber kein Wort zu ihrem Vater. Ab und an bekommt er Post von ihrem Anwalt. Immer geht es um Unterhaltszahlungen. Verstanden hat er ihr Verlassen immer noch nicht. Klaus Gräf holt sich eine neue Tasse Kaffee. Das Telefon läutet. Frau Theis, seine Sekretärin, ist am Apparat.

„Herr Pfarrer, es ist was Schlimmes passiert. Herr Kornelius ist heute Morgen mit dem Auto verunglückt."

„Ist das der Vater von Peter?"

„Ja, ja", stottert Frau Theis aufgeregt. Peter ist einer seiner Konfirmanden.

„Ich kümmere mich darum. Und danke für den Anruf." Und das vor Weihnachten, denkt der Pfarrer und wählt die Nummer von Frau Kornelius. Viel gibt es nicht zu erzählen, die Sorge ist zu groß. Am Abend wird er die Familie besuchen.

Pfarrer Gräf nimmt seinen Mantel und fährt ins Kreiskrankenhaus. „Herr Kornelius liegt auf Intensiv", sagt Frau Weber an der Pforte. Der Pfarrer kennt die Eintritts-Prozedur. Zuerst der grüne Kittel, dann zieht er Plastikhüllen über die Schuhe. Jetzt darf er in der Intensivstation ans Krankenbett.

Von Thomas Kornelius ist nicht viel zu sehen. Überall Schläuche. Den Kopf bedeckt ein riesiger Verband. „Wir haben ihn in ein künstliches Koma versetzt", erklärt die Schwester.

Ob er durchkommt? „Er hat viele innere Verletzungen. Aber wir hoffen." Ob er als Pfarrer vielleicht, im Falle eines Falles, mit der Ehefrau reden könne zwecks Organentnahme, fragt der behandelnde Arzt.

Klaus Gräf setzt sich ans Bett, streichelt über die Hände des Patienten und betet. „Der Herr ist mein Hirte" und das „Vaterunser". Ob er die Worte hört, seine Gegenwart spürt? Der Pfarrer weiß, dass es zwischen Tod und Leben mehr gibt als Schläuche und Medikamente. Er fühlt, dass man sich in diesem Moment so nahe ist wie nie wieder im Leben. Zuletzt malt er ein Kreuz auf den großen Kopfverband und segnet den um sein Leben ringenden Mann. Klaus Gräf hat das Gefühl, es wird gut.

Noch sieben weitere Gemeindemitglieder freuen sich an diesem Vormittag über den Krankenbesuch ihres Pfarrers. In der Konfirmandenstunde am Nachmittag geht es drunter und drüber. Kaum jemand hat die erste und letzte Strophe des Liedes „Macht hoch die Tür" auswendig gelernt.

Weihnachten kommt der Weihnachtsmann und bringt Geschenke, albern die Kinder. „Kinderkram", sagt

Tobias, während Peter Kornelius still am Tisch sitzt. Alle sind froh, als die Konfirmandenstunde endlich zu Ende ist. Bleibt noch der Besuch bei Frau Kornelius, stöhnt innerlich der Pfarrer.

Immer wird er gefragt, warum Gott das zulassen kann und warum gerade mein Mann, der doch so gut zu uns ist. Er weiß auch keine Antwort. Peter Kornelius spielt am Computer. Die kleine Maria krabbelt über den Fußboden. Frau Kornelius sitzt teilnahmslos auf dem Sofa. „Ich weiß nicht, was ich machen soll. Ich habe nur Angst. Heute Abend wollte er mit Peter Mathe lernen. Morgen schreiben sie eine Arbeit. Wie soll das nur weitergehen?"

Zwei Stunden später ist Klaus Gräf immer noch bei Peter in seinem Zimmer. Sie üben für die Mathearbeit. Als er endlich nach Hause kommt, mosert Friederike: „Heute ist wohl nichts mit Abendessen?"

„Nein", entfährt es dem Vater lauter als geplant, „und wie wäre es, wenn du mal den Tisch gedeckt hättest? Aber lass mal, wir fahren alle drei auf den Weihnachtsmarkt. Ihr esst eine Bratwurst oder gebackene Champignons und ich trinke einen Glühwein."

„Super", sagt Martin und knipst das Licht im Pfarrhaus aus.

„Wo soll es denn jetzt noch hingehen?", fragt der Nachbar. „So, auf den Weihnachtsmarkt? Sie haben es gut und das mitten in der Woche. Ich muss noch mal in den Stall."

Heiligabend brennt's im Pfarrhaus

Der Heilige Abend in Kleindottersdorf hat begonnen. Es ist klirrend kalt in dem kleinen Dorf. Die Straßen sind leer. Nur vor dem kleinen Kaufmannsladen stehen ein paar Frauen, reden über Weihnachtsbraten und die viele Arbeit an den Festtagen. Allein vor dem Gasthaus herrscht emsiges Treiben.

„Tobias, sprich lauter", ruft Klaus Gräf. Der Pfarrer übt mit den Kindern das Krippenspiel und Tobias ist der Josef. „Das Mikrofon beißt nicht, geh dichter dran. Kinder, hört auf zu toben", schreit Gräf genervt über den Gasthausplatz.

Wenig klappt. Zwei Hirten und der König Balthasar fehlen bei der Generalprobe. „Die schlafen noch", meint vorlaut Felicitas und zieht Tobias an den Haaren. Der reißt „seiner" Maria das Tuch vom Kopf.

„Kinder, geht nach Hause, wir sehen uns am Abend. Und lernt noch mal den Text", sagt Pfarrer Gräf. Er ist gespannt, ob das was wird.

Allein Frau Kornelius sieht fröhlich aus. „Herr Pfarrer, ich soll Sie von meinem Mann grüßen, es geht ihm schon viel besser." War wohl nichts mit Organspende, denkt Klaus Gräf und freut sich für die Familie.

Zu Hause nimmt er einen Brühwürfel und gießt sich eine Gemüsebrühe auf. Friederike ist in die Stadt gefahren. Martin schmückt den Weihnachtsbaum.

Aus dem Radio tönt laute Musik. Nichts für die weihnachtlichen Ohren des Pfarrers. Gräf nimmt eine CD und legt das Weihnachtsoratorium in den Spieler. Martin protestiert. „Entweder du schmückst den Baum oder ich, aber dann mit meiner Musik."

Klaus Gräf setzt sich einen Augenblick ans Klavier und spielt „Stille Nacht". Eine Weihnachtsbaumkugel fällt vom Baum. Er zieht sich ins Arbeitszimmer zurück.

Dort sieht es auch nicht gemütlicher aus. Zwölf Weihnachtssterne und Neukirchner Kalender muss er noch zu Mitarbeitern bringen. Am besten gleich. Er nimmt die Geschenke, setzt sich ins Auto und beginnt die Gemeinderundreise am Heiligen Abend. Überall ein gutes Wort, ein kurzes Gespräch. Meist soll er bei dem kalten Wetter einen Schnaps trinken, aber dann wäre sein Gottesdienstplan gefährdet.

Frau Bender trägt seit 38 Jahren die Blätter für die Senioren aus. „Schön, Herr Pfarrer, dass Sie vorbeischauen. Ich habe schon auf Sie gewartet. Sie haben doch ein bisschen Zeit. Ich habe extra Tee vorbereitet und Stolle gebacken."

Und dann will sie alles wissen. Wo denn der neue Pfarrer herkommt. Warum er allein mit den Kindern lebt und was seine Frau macht und ob er eine Freundin habe. „Nein? Dann muss ich mich doch mal unter den unverheirateten Damen des Dorfes umsehen. Da gibt es sicher jemand Passendes für unseren Herrn Pfarrer", meint sie und schaut unverhohlen zum Telefon.

Klaus Gräf schwant Gefährliches. „Frau Bender, lassen Sie man gut sein, ich komme ganz gut allein zurecht."

Zwei Uhr. Friederike entsteigt schwerbeladen dem Bus. Sie hat, wie immer in letzter Minute, doch noch alle Weihnachtsgeschenke bekommen. Martin war schlauer und hat seine Präsente im Internet ersteigert. Für den Vater eine Flasche Wein, Jahrgang 1962, und für die Schwester ein paar Skihandschuhe. Teuer genug, wie er findet.

Klaus Gräf schaut noch mal über die Gottesdienstordnung, liest die Ansprache und zieht den Talar über den dicken Pullover. Heiligabend-Gottesdienst im Freien, ob das so gut ist, fragt er sich und schaut aus dem Esszimmerfenster zum Gasthaus. Dichtgedrängt stehen die Kleindottersdörfer und viele andere Leute, die er noch nie gesehen hat, auf dem Platz. Eine Wunderkerze blitzt auf und in den Fenstern der Häuser um den Dorfplatz leuchten Kerzen. Klaus Gräf wird es warm ums Herz.

„Meine Kleindottersdörfer", denkt er und freut sich auf die Christvesper. „Martin, Friederike, kommt ihr", ruft er seinen Kindern zu. „Ja, gleich", tönt es aus den verschiedensten Ecken.

Bauer Ottmar Heinrich hat es tatsächlich geschafft, früher zu füttern, und steht in der ersten Reihe. Schließlich wird seine Tochter als Engel die Botschaft von der großen Freude verkünden. Der Posaunenchor schmettert „Tochter Zion" und dann jubilieren alle „Lobt Gott ihr Christen".

Klaus Gräf steht auf der Gasthaustreppe und liest die Weihnachtsgeschichte. „Es begab sich aber zu der Zeit …" Wie oft habe ich diese Worte schon gelesen, denkt er ergriffen. Für ihn sind es die schönsten der Welt. Heulen könnte er, wenn er dürfte. Vom Kirchplatz zieht das hochheilige Paar Maria und Josef über die Straße. Sie klopfen an die umliegenden Türen. Überall werden die beiden abgewiesen.

„Sie machen es gut", sagt Frau Rüdiger zu Frau Meinhard. „Sogar die Hirten sind zu verstehen", murmelt Herr John zu seiner Frau.

„Willst du einen Wodka?", flüstert Sascha zu Friederike und holt den Flachmann aus seiner Jackentasche. „Du spinnst", antwortet die Pfarrerstochter und hat nichts dagegen, dass Sascha den Arm um ihre Schultern legt.

Martin schaut mit Sven und Björn belustigt das Weihnachtsspiel. „Der Engel lispelt", meint Björn. „Hoffentlich bekomme ich den neuen PC", antwortet Sven.

Pfarrer Gräf ist froh, dass es nicht regnet und nur kalt ist. Er spricht gefühlvoll von Engeln und den Hirten, Maria und Josef. Frau Kornelius hängt an seinen Lippen, weiß sich verstanden. Sabine Berger mahnt ihre streitenden Kinder zur 0rdnung, was, wie so oft, nichts nützt.

„Fröhliche Weihnachten", ruft der Pfarrer nach dem Segen allen zu und beginnt mit der Grußaustauschtour. Bauer Heinrich gibt seiner Frau einen Kuss, worauf die ihren Mann verwundert anschaut. „Mein Gott, wann hat der Heinrich mich zuletzt geküsst." Sie kann sich nicht erinnern.

Friederike kuschelt sich an Sascha, und Martin haut Sven tüchtig auf die Schulter.

„Herr Pfarrer, ich muss unbedingt mit Ihnen sprechen", meint Frau Bender, und dem Pfarrer wird ganz unweihnachtlich.

„Der Gottesdienst war super", applaudiert Frau Meinhard und drückt ihren Pfarrer an die Brust. „Als Kirchenvorsteherin darf ich das", sagt sie zu Frau Bender, die irritiert zuschaut. Pfarrer Gräf lächelt und meint: „Fröhliche Weihnachten."

Im Pfarrhaus leuchten Adventskranz und Weihnachtsbaum. In der Küche bereitet Klaus Gräf das Fleischfondue vor, Friederike den Salat. Martin deckt den Tisch. Das Telefon läutet. „Wer kann das denn sein, ausgerechnet heute Abend", brummt Klaus Gräf.

„Es ist die Mama", ruft Friederike. „Martin, komm ans Telefon."

Etwas später dann setzt sich Klaus Gräf ans Klavier, Friederike holt ihre Flöte und so singen und musizieren sie gemeinsam „Ihr Kinderlein kommet". Mit anderthalb Augen schaut Martin zu den Geschenken unter dem Baum. Was mag das nur sein, das große Teil, überlegt er und singt die zweite Strophe. Es ist ein Teleskop. Eigentlich hatte er sich einen DVD-Spieler gewünscht, aber als er entdeckt, was man mit dem Fernglas, wie er despektierlich das Rohr nennt, alles sehen kann, kommt er sich vor wie einer der drei Sterndeuter. An Friederike duftet alles nach dem neuen „Joop". Das Buch über das Ende Hitlers von Joachim Fest war gut gemeint, aber interessiert sie überhaupt nicht. Da sind die drei Kino-Gutscheine schon besser.

Klaus Gräf betrachtet interessiert die Weinflasche von Martin und die „Memoiren eines Moralisten" von Friederike. „Mein Jahrgang", bedankt er sich bei seinem Sohn. Ob Irene Friederike den Buch-Tipp gegeben hat?

Nach dem festlichen Fondue lässt die Pfarrfamilie Adventskranz und Weihnachtsbaum kurze Zeit allein. Martin schaut vom Balkon in die Sterne. Friederike telefoniert mit Sascha. Klaus Gräf überfliegt noch einmal die Predigt für die Mitternachtsmesse und gönnt sich ein Glas von Martins Wein.

„Jauchzet, frohlocket", jubelt der Thomanerchor aus dem Wohnzimmer. Nur, ein seltsamer Geruch zieht durch das Haus, denkt Gräf und springt auf. „Martin, Friederike!", ruft er durchs Pfarrhaus und stürmt ins Wohnzimmer. Der Adventskranz auf dem stabilen dänischen Holztisch brennt lichterloh, dazu Tischdecke und Tischplatte.

Die erste Kerze ist durchgebrannt und hat den Kranz entzündet. Klaus Gräf nimmt die Sofadecke und schlägt auf die Flammen ein. Martin holt einen Eimer Wasser.

Friederike telefoniert immer noch. Die Decke ist hinüber. Das Sofa hat Brandflecken und die Tischplatte muss abgeschliffen werden. Eine schöne Bescherung. „Wie gut, dass ich die Wohnzimmer- und die Arbeitszimmertür wegen des Weihnachtsoratoriums aufgelassen habe, sonst hätte ich das nie gerochen und bemerkt", meint Klaus Gräf zu Martin. „Und wir wären Maria und Josef, die keinen Raum in der Herberge hatten", grinst Martin.

„Was ist denn hier los?", fragt Friederike, sieht die Bescherung und meint, dass sie das gleich Mutti erzählen müsse.

Erinnerungen

Die Weihnachtsgeschenke sind ausgepackt. Die elektrischen Kerzen am Weihnachtsbaum leuchten im Pfarrhaus. Die Aufregung vom Heiligen Abend ist Vergangenheit.

Klaus Gräf genießt die Ruhe zwischen den Jahren. Er blättert durch die neuen Bücher, liest hier ein paar Sätze und zappt sich gleichzeitig mit der Fernbedienung durch das Fernsehprogramm. Bei den Skispringern bleibt er für eine Weile hängen, hört und sieht bei Bayern 3 einen Kinderchor mit Weihnachtsliedern und freut sich, dass das Telefon Ruhe hält. Martin fährt Schlitten mit seinen Freunden, und Friederike ist mit ihrem neuen Freund Sascha in die Stadt zum großen Geschenkeumtausch gefahren.

Gestern nach dem Gottesdienst am 2. Weihnachtstag bat Frau Schubert um ein kurzes Gespräch. „Herr Pfarrer, ich will es kurz machen. Sie wissen, ich bin die Vorsitzende des Gesangvereins. Wir brauchen einen neuen Dirigenten. Herr Schneider kann nicht mehr, es wird ihm in seinem Alter zu viel. Da haben wir an Sie, unseren Pfarrer, gedacht, ob der nicht vielleicht ... Also, wir hätten Sie gerne als unseren neuen Chorleiter."

Pfarrer Gräf war überrascht und erfreut. Vor Jahren, ach was, Jahrzehnten, noch in Studentenzeiten, hatte er an der Kirchenmusikschule in Frankfurt die Ausbildung zum Chorleiter erfolgreich abgeschlossen. „Frau Schubert, ich will es mir überlegen. Aber Sie wissen ja, die viele Arbeit, die Kinder und der Haushalt."

Der Chorleitergedanke begleitete ihn. Martin und Friederike finden es gut, wenn ihr Vater wieder was mit seiner geliebten Musik macht, sagen sie. Er weiß, er wird zusagen.

Morgen ist noch eine Beerdigung, in zwei Tagen der Silvestergottesdienst, dann endlich Urlaub, danach kann der Gesangverein kommen. Klaus Gräf ist gespannt, wie sein Stil verstanden wird. Silvester hat man immer schön gefeiert, denkt er zurück. Die Neujahrsgottesdienste wanderten so vom Morgen auf den Abend und alle waren es zufrieden.

Es war vor 21 Jahren, als er an einem Silvesterabend seine Frau Irene kennen lernte. Studienfreund Horst hatte zur Silvesterfeier eingeladen. Als ordentlicher Theologiestudent besuchte Klaus Gräf zunächst um 20 Uhr den Jahresabschlussgottesdienst in dem Dorf. Die Predigt hat er vergessen. An den Chor kann er sich gut erinnern, an den furchtbar schiefen Gesang. Seine Mutter hatte wieder nur wie immer angemerkt: „Klaus, sie haben es gut gemeint."

Er lächelt vor sich hin. Dann kam die Feier. Die Musik war schon zwei Häuser vorher zu hören. Die Haarwelle auf seinem dunklen Haarschopf hatte er mit viel Pomade kunstvoll gestaltet. Natürlich trug er Anzug und Krawatte. Das war so damals. Ein großes „Hallo" begrüßte den Studenten. Die Blonde könnte ihm gefallen, die Brünette ist auch nicht übel, war sein erster Eindruck. Mal sehen, was der letzte Abend des Jahres bringt.

Horst meinte, er müsse mit allen zur Begrüßung anstoßen. Nichts leichter als das. Nur hatte ihm keiner gesagt, dass zum Anstoßen ein Glas Jägermeister ausreicht und dass er sich nicht bei jeder Person nachschenken lassen muss. Nach 22 Gläsern Schnaps war es um den angehenden Theologen geschehen.

Das alte Jahr beendete er stöhnend auf der Gästecouch im Hause von Horst. Einzig Irene tat der junge Mann leid. Sein Zustand war erbarmungswürdig, und die junge brünette Dame kümmerte sich rührend um den vom Jägermeister gezeichneten Jüngling. Es kam, wie es kommen musste. Ein Kaktus fiel in der Nacht aus dem Regal und morgens waren Irene und Klaus unzertrennlich.

„Meine Güte, ist das lange her und trotzdem war es schön", dachte Klaus Gräf und mag seitdem keinen Magenlikör mehr sehen, riechen oder schmecken. Wo mag Horst nur abgeblieben sein?

Seit Jahren hatte er nichts von ihm gehört. Dieses Jahr wird Silvester zwangsläufig ruhig sein, keine Feier, nur ein Fläschchen Sekt. Nach dem Abendessen mit den Kindern setzt sich Klaus Gräf ins Arbeitszimmer, ordnet die Weihnachtsansprachen und schreibt die Beerdigungsansprache. Morgen werden Martin und Friederike zu ihrer Mutter nach München reisen. Dann ist er allein. Vor dem leeren Haus graut ihm ein bisschen, obwohl er mit der Trennung langsam leben lernt.

Mitten in der Nacht, um halb drei schellt das Telefon. „Was ist jetzt nur passiert?", denkt er verstört im Halbschlaf und meldet sich.

„Herr Pfarrer, kommen Sie schnell, meine Frau will mich umbringen", ruft verzweifelt eine Männerstimme am anderen Ende. „Eine Bodenvase hat sie schon an mir zertrümmert. Ich weiß nicht weiter. Bitte kommen Sie schnell."

Pfarrer Gräf notiert die Adresse und zieht sich an. „Ist was mit Mama?", fragt Friederike, als er das Haus verlässt. „Nein, Kind, alles in Ordnung. Da will mich nur jemand sprechen."

„Mitten in der Nacht", meint Friederike und geht wieder in ihr Bett, und ihr Vater, Pfarrer in Kleindottersdorf, fährt los.

Hilfe, meine Frau bringt mich um

Es ist drei Uhr, mitten in der Nacht. Pfarrer Klaus Gräf fährt vorsichtig mit seinem Golf durch Kleindottersdorf. Die Straße ist glatt. Es hatte am Nachmittag geschneit. Die Häuser sehen verschlafen aus, wie die Menschen, denkt der Pfarrer. Was mag bloß in Familie Hanke gefahren sein, mich mitten in der Nacht rauszuklingeln. Herr Hanke redete von einem Anschlag seiner Frau auf ihn mit einer Bodenvase, spricht gar von Mord und Totschlag.

Vorsichtig parkt er das Auto vor dem Haus und drückt auf den Klingelknopf. Tim und Mareike öffnen die Tür. Beide Kinder schauen verängstigt und bitten den Pfarrer ins Haus. Elisabeth Hanke schießt wie eine Furie in den Hausflur und faucht Klaus Gräf an: „Was wollen Sie denn hier, machen Sie, dass Sie rauskommen. Mein Mann ist ein Waschlappen. Allein kommt er nicht zurecht. Immer braucht er Hilfe."

Ludwig Hanke blickt zögernd aus der Küchentür. „Sie sehen ja, was los ist. Meine Frau verprügelt mich. Alles mache ich verkehrt."

„Sie haben das Gefühl, Sie können Ihrer Frau nichts recht machen", sagt der Pfarrer.

„Genau, sie lässt mich nie zu Wort kommen."

„So ein Quatsch", meldet sich Frau Hanke. „Sehen Sie sich den Kerl doch an. Ist das der Mann, den ich geheiratet habe? Der lässt sich gehen, arbeitet nicht, säuft und redet große Worte."

„Und was machst du, du trinkst mit. Eine Cognacflasche hast du allein leer gesoffen."

„Was stört Sie denn an Ihrem Mann, Frau Hanke? Was möchten Sie, das sich ändert?" Und dann redeten sie bis um fünf, das Paar gelobte Besserung. Die Kinder schliefen mittlerweile, und Pfarrer Gräf fuhr vorsichtig zurück zum Pfarrhaus.

Nach der Beerdigung am Nachmittag nahm er seine Langlaufski, fuhr zur nahe gelegenen Loipe und drehte einsam seine Runden. Er genoss die klare Luft, atmete tief durch und freute sich an der Bewegung. In dieser Nacht läutete das Telefon erst um drei Uhr.

„Herr Hanke, ich komme", mehr braucht der Pfarrer nicht zu sagen.

Wieder öffneten die verstörten Kinder. Man setzte sich in die Küche und diskutierte die Ehe. Ein blaues Auge zierte den Ehemann, und die Ehefrau schien diesmal auch nicht ganz ungeschoren davongekommen zu sein. Der Pfarrer hörte verständnisvoll zu, wagte diesen und jenen Rat, sah die Schnapsflaschen und hatte die Nase voll von dem nicht aufhörenden Streit.

Was sollen all diese Gespräche, wenn die beiden betrunken sind, sagte er sich, holte die Kinder und befahl ihnen, die Mutter ins Schlafzimmer zu führen und den Vater ins Gästezimmer. Dann schloss er die Türen ab. Am nächsten Morgen, wenn die Eltern den Rausch ausgeschlafen hätten, sollten sie wieder aufschließen. Er käme dann wieder und man könne vernünftig miteinander reden.

Am nächsten Morgen bekam er zum Dank das Bügeleisen von Frau Hanke nachgeworfen, und Herr Hanke meinte, er solle froh sein, dass er nur mit dem Bügeleisen Bekanntschaft gemacht habe, sie hätte auch noch eine Pistole. Der Pfarrer lächelte ob dieser Räuberpistole.

Das verging ihm allerdings in der nächsten Nacht, als er sich wieder auf den Versöhnungsweg begab. Diesmal öffnete Herr Hanke. „Sie ist furchtbar wütend. Bitte helfen Sie mir. Sie haut alles kurz und klein, so voll ist sie."

„Nüchtern sind Sie auch nicht", sagte Klaus Gräf. Elisabeth Hanke erschien wie ein Racheengel. In der Hand hatte sie tatsächlich eine Pistole. „So, Mann, jetzt bist du endlich fällig und wir haben Ruhe. Und dich, Pfarrer, erschieße ich gleich mit." Der Pfarrer glaubte sich in einem schlechten Film. Außerdem ist die Pistole sowieso nicht echt.

Also handeln für den Frieden, sagte er sich beherzt und geistesgegenwärtig. Er schlug der betrunkenen und lallenden Frau die Pistole aus der Hand. Nun kam das gleiche Spiel wie an den Abenden zuvor. Sie kam in das und er in jenes Zimmer. Schlüsselgewalt hatten die Kinder.

Klaus Gräf fuhr auf die Polizeistation. Er wollte nur die Pistole abgeben. „Mann, die ist ja scharf", sagte der Polizist, den er bei einem Einsatz als Notfallseelsorger bereits kennen gelernt hatte. Klaus Gräf wurde ein wenig blasser und fuhr ganz langsam nach Hause.

Mit Familie Hanke gab es noch manches Gespräch. Monate später trennte sich das Paar. Frau Hanke zog ins Nachbardorf, machte einen weiteren Mann unglücklich. Herr Hanke lernte eine Kollegin kennen, Ebenbild seiner Frau, doch die beiden lieben sich noch heute.

Auf nichts freut sich der Pfarrer von Kleindottersdorf so wie auf die Urlaubstage. Ausspannen, keine streitenden Ehepaare, alles besser wissende Kinder und keine Briefe vom Anwalt seiner Frau. Das neue Jahr kann nur besser werden, das hofft Pfarrer Gräf.

Endlich Urlaub

Pfarrer Klaus Gräf aus Kleindottersdorf packte den großen Samsonite-Koffer: Badehose, Bademantel, Sommerhosen, kurze Shorts. Eine Krawatte, ein Sakko, man kann ja nie wissen, obwohl er beides im Urlaub nie brauchte. Im Hintergrund lief die neue Grönemeyer-Platte. Beim „Abschiedslied" dachte er an Irene, seine ihm entschwundene Frau. Die Kinder sind mit ihr und ihrem so genannten Lebenspartner in Flachau zum Skilaufen. Schnee wäre nicht übel. Klaus Gräf lief für sein Leben gerne Ski, auch wenn er es erst im hohen Alter von 32 Jahren gelernt hatte. Schluss mit Trübsinn, jetzt kommt Sonne ins Herz.

Fuerteventura war sein spontanes Ziel, gebucht „last minute", denn er musste schon, trotz Weihnachtsgeld, mit jedem Euro rechnen. Pfennig wollte er eigentlich sagen. Mit der neuen Währung kam er immer noch nicht zurecht. Und den nötigen einen Euro für den Einkaufswagen hatte er nie, wenn er ihn brauchte.

Im Reisekoffer staute sich mittlerweile der halbe Kleiderschrank und mit 22,5 Kilo war er eindeutig zu schwer. Egal, die sollen sich am Flughafen nicht so anstellen. Er ließ das Pfarrhaus zurück und fuhr beschwingt von Kleindottersdorf nach Düsseldorf. Vier Stunden Fahrt hatte er einkalkuliert, aber nicht das Schneetreiben und den Eisregen.

Ein wagemutiger Lkw zog mit knapp fünfzig Stundenkilometern seine Spur. „Der muss viel Gottvertrauen haben", dachte Gräf und lenkte seinen Golf im Windschatten des „großen Bruders". Die Minuten verstrichen, noch zwei Stunden bis zum Start. Zwischen Wuppertal und Düsseldorf kam der Stau. Noch vierzig Minuten bis zum Start. „Es muss doch eine Ausweichstrecke geben!" Keine Chance. Das Autoradio meldete eine Staulänge von zehn Kilometern.

Gräf telefonierte. Zuerst mit der Auskunft, dann mit dem Flughafen Düsseldorf. „Ja, Herr Gräf, das Flugzeug ist aufgerufen, es soll in 30 Minuten abfliegen."

„Ich versuche es", waren seine verzweifelten Worte. Endlich der Flughafen. Vor 20 Minuten müsste sein Flugzeug in den Urlaub abgeflogen sein. Natürlich gab es im Parkhaus keinen einzigen Parkplatz.

Gräf schimpfte, was auch nichts nützte. Kurz entschlossen stellte er seinen Golf auf einen weiß umrandeten Platz. „Es wird schon gut gehen", meinte er, nahm Koffer und Tasche, raste zum Flughafeneingang und erfuhr, dass das Flugzeug in Ebene D abfliegen würde. „Wo bitte ist die Ebene D?"

„Zwanzig Minuten von hier am anderen Ende des Flughafens, aber da fährt ein Bus", erklärte ihm die reizende Dame hinter der Information. Aber für diese Reize hatte er jetzt keine Augen, geschweige denn Nerven. Zwanzig Minuten Weg, wunderbar. Heute ging alles schief. Mit letzter Kraft und schweißgebadet stürmte er in die Abflughalle und sah den Abflugschalter.

„Herr Gräf, wir warten schon auf Sie", sagte die Flugbegleiterin, „und Sie haben riesiges Glück. Das Flugzeug ist gerade erst von Fuerte hereingekommen. Geben Sie mir Ihr Gepäck, ich checke für Sie ein. Und ein gutes Neues Jahr."

Klaus Gräf fiel erleichtert in den Sitz Reihe 24 B. Dass er keinen Fensterplatz hatte, war ihm gleichgültig. Er atmete tief durch, blickte nach oben an die Flugzeugdecke und murmelte: Danke, lieber Gott.

Er liebte das Fliegen. Immer wieder faszinierte ihn die Atmosphäre an Bord. Der Flughafen in Fuerteventura sah aus wie alle Reiseflughäfen. Sein Hotelbus brauchte eine gute Stunde, dann war das Occidental Grand Fuerteventura erreicht. Eine schöne Anlage, selbst sein Einzelzimmer bot Meeresblick. Dieser herrlich lange weiße Sandstrand. Er konnte es kaum erwarten, endlich am Meer zu sein.

Langsam, sagte er sich, alles der Reihe nach. Er hing die Kleidung in den Schrank, stellte die Toilettenartikel ins Bad und die Schuhe ordentlich ins Regal. Dann, in luftiger Sommerkleidung, erkundete er das Hotelareal. Zuerst die Anordnung der Speisesäle, im unteren Bereich die Fitnessabteilung mit Sauna, davor die Tennisplätze. Die 24 Grad hatten ihn bereits den Schnee und ein bisschen Kleindottersdorf vergessen lassen.

Der Pool lud ein zum Baden, die Liegen zum Entspannen. Dann sah er sie. Blonde lange Haare. Eine atemberaubende Figur. Ihre Hände hielten ein Buch, die Augen waren geschlossen. 95-65-95 schätzte Klaus Gräf und seufzte.

Er dachte an seine Ex-Irene und musste lachen, als ihm einfiel, wie er für sie zum ersten Mal Wäsche einkaufte, natürlich bei „Palmers". Es sollte etwas besonders Schönes sein. „Von wegen Wäsche", meinte die Verkäuferin, und präsentierte die Dessous. Bei der Frage nach der passenden Größe war er am Ende seines Wäsche-Lateins angekommen. „So wie die Dame da drüben", erklärte er und erfuhr, das sei 75C. Auch gut.

Er wählte und bezahlte für Slip, BH und passende Strümpfe von Wollford geschlagene 426 Mark. Der Schreck über den Preis saß tief, doch ihm fehlte der Mut, die Kaufentscheidung rückgängig zu machen. Jetzt allerdings konnte sein Ex-Freund Wolfgang an ihr die „Dessous" bewundern.

Klaus Gräf beschloss, die Liege neben der unbekannten jungen Dame unverzüglich zu erobern. Beschwingt näherte sich der „Pfarrer in Urlaub" dem Platz der schönen Unbekannten.

Die Tischnachbarin

Pfarrer Klaus Gräf betrachtete das azurblaue Wasser des Pools seines Urlaubshotels in Fuerteventura. Kinder spielten Wasserball, und eine Animateurin lud über Lautsprecher ein zu sportlichen Aktivitäten.

Dazu hatte Gräf keine Lust. Die Liege neben der nett anzusehenden Blondine war sein Ziel. Die junge Dame nahm ihren neuen Nachbarn nicht wahr, schenkte ihm keinen Blick, sie schlief.

Klaus Gräf, gesegnet mit einer stattlichen Figur, legte sich in Positur. Zwar hatte seine Sportlichkeit in letzter Zeit gelitten, aber das tat seiner Attraktivität selbst in Badehose keinen Abbruch. Immer wieder blinzelte er hinüber zu der Schönen. Endlich, als sie ihre bezaubernden Augen für einen Augenblick öffnete, läutete des Pfarrers Handy. „Es wird doch nichts mit den Kindern sein", dachte er besorgt und holte das Telefon aus der Badetasche.

„Gräf", meldete er sich. „Schön, dass ich Sie erwische, Herr Pfarrer, hier ist das Beerdigungsinstitut Berghofer. Es geht um einen Beerdigungstermin."

„Tut mir leid", meinte Gräf, „aber ich habe Urlaub und die Vertretung hat Kollege Schäfer in Großdottersdorf."

„Ich weiß", sagte Beerdigungsunternehmer Berghofer, „doch bei Pfarrer Schäfer läuft immer nur der Anrufbeantworter."

„Das kann doch nicht wahr sein", murmelte Gräf, blinzelte zum siebten Mal zur Nachbarin und schlief ein.

Die Sonne hatte ihre letzten warmen Strahlen ins Meer getaucht, als Klaus Gräf erwachte. Sämtliche Liegen waren leer geräumt.

Klaus Gräf schlenderte ins Zimmer und zog sich um fürs Abendessen. „Bitte an einen netten Tisch und möglichst keinen Einzelplatz", betonte Gräf gegenüber Oberkellner Manuel.

Signor Manuel geleitete den neuen Gast durch den Speisesaal. Mit Blick aufs Meer wurde er platziert. Der Platz ihm gegenüber war belegt, wie er an dem bereits benutzten Wasserglas feststellte.

Gräf trug eine dunkle Leinenhose, ein schwarzes T-Shirt und ein helles, der Atmosphäre angemessenes Sakko. Lachs, Scampis und Muscheln nahm er als Vorspeise. Dazu bestellte er einen leichten einheimischen Weißwein. „Hallo, ich bin Sabine Fischer", meinte eine attraktive Dame und setzte sich an seinen Tisch. „Sie also sind mein Tischnachbar. Lagen Sie nicht heute Nachmittag neben mir am Pool? Sie müssen Ihre Ferien wirklich nötig haben, so tief haben Sie geschlafen und geschnarcht."

Klaus Gräf wurde ein wenig rot und hatte keine Worte. Er stotterte von herrlichem Urlaub und schaute auf die dunklen Augen seiner Nachbarin. Dann fasste er sich und gestand: „Ich habe Sie heute Nachmittag schon bewundert. Sie sehen bezaubernd aus."

„Ach", lächelte Sabine spöttisch, und Klaus Gräf wurde richtig poetisch: „Sie wollen doch sicher einen Mann, der mit Ihnen im Morgengrauen am Strand entlanggeht, zuhört bei den Erzählungen von den Träumen der Nacht und Sie dann über das Wasser trägt."

Sabine Fischer lachte lauthals und hätte beinahe ihr Weinglas umgeworfen. „Sie sind ein Charmeur. Das Angebot nehme ich an. Morgen früh joggen wir zusammen. Außerdem finde ich, könnten wir uns duzen.

Also, ich bin Sabine." So kam es zum ersten Kuss. Später in der Bar, nach der Musical-Einlage des Animationsteams zu Weisen von „Cats", tanzten Klaus Gräf und Sabine Fischer eng umschlungen zu Satchmos „Wonderful world".

Was, du bist Pfarrer?

Die Band spielte einen Fox, doch die Musik schwebte an Sabine Fischer und Klaus Gräf vorbei. Sie schmiegten sich aneinander und tanzten langsam zur eigenen Melodie.

„Was machst du eigentlich?", fragte Sabine ihren Traumtänzer. „Ich bin Pfarrer", antwortete Klaus Gräf. Sabine fiel vor Schreck aus allen Takten und trat Klaus Gräf auf den rechten Fuß. „Evangelisch oder katholisch?"

„Ich habe zwei Kinder, also bin ich evangelisch", schmunzelte der Pfarrer aus Kleindottersdorf.

„Du siehst aber gar nicht aus wie ein Pfarrer", zweifelte Sabine.

„Und wie sieht ein Pfarrer aus?", entgegnete Klaus Gräf. „Na ja, so schwarz und ernst. Auf jeden Fall nicht so wie du. Außerdem küsst du viel zu gut für einen Pfarrer."

„Danke", sagte Gräf, nahm Sabine an der Hand und führte sie an ihren Tisch an der Bar. Gräf lächelte. Er kannte diese Fragen. Dann erzählte er von seinen Kindern Friederike und Martin und der neuen Heimat Kleindottersdorf.

Der Urlaub fängt gut an, dachte er. Kaum bin ich in Fuerteventura, erzähle ich von meinem Dorf.

„Aber jetzt bist du dran", meinte Gräf. „Was machst du eigentlich?"

„Ich arbeite in einer Werbefirma, gestalte Kataloge und Plakate am Computer."

Sabine Fischer trug wie Klaus Gräf keinen Ehering. „Bist du verheiratet?", fragte Klaus Gräf vorsichtig.

„Nein, aber ich habe wie du zwei Kinder. Bastian ist sieben und Emma vier. Mein Mann ist vor zwei Jahren mit dem Motorrad verunglückt. Seitdem bin ich allein. Die Kinder sind jetzt in den Ferien bei meinen Eltern. Ich musste unbedingt mal raus. Der erste Urlaub ohne meinen Mann und die Kinder ist schon eigenartig. Und dann lerne ich ausgerechnet einen Pfarrer kennen, der mich früh morgens über den Strand tragen will."

Es war sehr spät, als Sabine und Klaus der Hotelbar Ade sagten und ihre Zimmer suchten. „Schlaf gut!" „Du auch."

Am Morgen war nichts mit Joggen. Sabine hatte Kopfschmerzen, und Klaus Gräf lief am Strand entlang. Ab und an genoss er die Wellen. Sie ließen ihn munter werden.

Einige deutsch sprechende Urlauber hatten am Strand aus Steinen große Burgen gebaut, geschmückt mit Fahnen aus Berlin, Bremen und Westfalen, Heimstätte für vierzehn jährlich wiederkehrende Tage, für Hund, Frau und Handtücher. Die Herren spielten begeistert und unbekleidet Boccia.

Eine Familie näherte sich lautstark einer verlassen aussehenden „Strandresidenz".

„Mama, da ist eine leerstehende Strandburg", rief der Jüngste der vierköpfigen Kinderschar und steuerte geradewegs auf den Liegeplatz zu. „Halt, junger Mann", brummte einer der spielenden Urlaubsherren. „Die Burg ist belegt."

„Da ist aber niemand", rief der Knabe und ließ sich nicht entmutigen.

„Natürlich ist sie belegt, die Leute kommen noch", entrüsteten sich nun vereint sämtliche Spieler, allesamt nackt.

Klaus Gräf lachte. Die Familie zog der blanken Gewalt weichend zu einem anderen Ort.

Gräf war verliebt. Er hatte keine Lust, weiter allein am Strand zu wandern. Es zog ihn zu Sabine. Sie schlief auf der vertrauten Liege am Pool. Zärtlich küsste er Sabine auf die Stirn. Sie öffnete die Augen und lächelte. „Schön Sie zu sehen, Herr Pfarrer."

Es wurde ein entspannter Urlaub. Die beiden gingen spazieren, hatten viel zu erzählen, lernten sich kennen und des Nachts brauchten Sabine und Klaus nur noch ein Zimmer.

Sie waren unzertrennlich und glücklich. Ein Gefühl, das beide lange entbehrt hatten.

Klaus Gräf konnte es kaum erwarten, Sabine Pfarrhaus und Kleindottersdorf zu zeigen.

Am nächsten Wochenende würden sie wieder zu Hause sein und Pfarrer Klaus Gräf hatte wie jeden Sonntag Gottesdienst. Er wünschte sich, dass Sabine dann in der zweiten Reihe seiner vertrauten Kirche sitzen möge.

An Martin und Friederike dachte er mit einem flauen Gefühl im Magen. „Was sie wohl zu Sabine sagen und zu Bastian und Emma? Begeistert werden sie nicht sein. Aber was wäre, wenn aus der dreiköpfigen Familie sechs würden?", träumte der Pfarrer.

Sabine sah das realistischer. „Klaus, wir haben Zeit und bitte lass mir die Zeit", waren ihre skeptischen Worte.

Am Flughafen fiel sie ihm um den Hals, küsste ihn, dass dem Pfarrer die Luft für jegliche Erwiderung fehlte.

„Herr Pfarrer Gräf", tönte es auf einmal von der Seite. Und da stand Christiane Meinhard, die Friseurmeisterin aus Kleindottersdorf, Mitglied des Kirchenvorstandes, und lächelte verschmitzt. „Was machen Sie denn hier auf dem Flughafen?", fragte Frau Meinhard.

„Ich habe noch Urlaub und fliege jetzt wieder nach Kleindottersdorf", antwortete ein wenig verwirrt ihr Gemeindepfarrer.

„Und ich bin gerade angekommen und fahre jetzt ins Occidental Hotel."

„Schönen Urlaub, in dem Hotel war ich auch", rief Klaus Gräf und dachte, „wie gut, dass Frau Meinhard nicht zwei Wochen früher Urlaub gebucht hatte."

Kleindottersdorf singt und versackt

Klaus Gräf saß wieder an seinem Schreibtisch im Pfarrhaus. Es schneite und die Tage des Urlaubs schienen längst wieder vergessen. Die Glocken der Kirche läuteten zur Mittagszeit. Gleich würden die Kinder von der Schule nach Hause kommen. Friederike und Martin hatten nicht schlecht über die Farbe ihres Vaters gestaunt. „Mann, bist du braun", meinte Martin, als er die Kinder vom Zug aus München abholte. „Gut siehst du aus", ergänzte Friederike, „richtig verliebt." „Wenn die wüsste", dachte der Vater.

In Kleindottersdorf war nichts Aufregendes passiert. Zwei Beerdigungen hatte der Nachbarpfarrer übernommen. Pfarrer Gräf besuchte gleich die Familien und sprach sein Beileid aus. „Heute Abend habe ich die erste Übungsstunde im Gesangsverein", dachte Gräf und fragte sich, wie das wohl werden würde.

Seine Gedanken waren oft bei Sabine. „Am Wochenende kommt sie. Nur, wann erzähle ich den Kindern davon?", überlegte er und verschob Gelegenheit um Gelegenheit.

Fünf Minuten vor acht machte sich Pfarrer Gräf als neuer Dirigent des Gesangsvereins auf den Weg in die benachbarte Gastwirtschaft. Achtunddreißig erwartungsvolle Augenpaare begrüßten ihn mit einem freudigem Kanon: „Froh zu sein bedarf es wenig ..." Gleich ließ der neue Dirigent einige Einsingübungen folgen.

La, la, na, na, nu, nu, ni, ni und mo, mo sangen die Choristen tief und hoch und ölten ihre Stimmen zwischendurch mit Bier oder Wasser.

Klaus Gräf war's zufrieden. „Wir werden nie die Wiener Sängerknaben sein, sondern der Gesangsabend soll Freude bringen", war seine Devise. Sein erstes „neues" Lied an diesem Abend erweckte besonders im Tenor Erstaunen. „Das ist ja lateinisch", murrte Herr Scholz. Doch „Odi et amo", „hasse und liebe", von Carl Orff war gar nicht so schwierig, wie es zunächst klang. Der Sopran gab sich redlich Mühe. Nur Frau Schneider sang immer ein bisschen zu tief.

Alt und Bass waren die Chorstärke. Dreimal vorsingen genügte, dann hatten die Frauen und Männer die Töne gelernt. Herr Wunderlich brummte zwar grundsätzlich auf einem Ton, war aber an Körpergestik von keinem zu übertreffen.

In der Pause, gegen neun, informierte der erste Vorsitzende Jupp Gerstung, dass es der letzte Abend mit der Wirtsfamilie Krug sei. Sie seien zu alt und ein neuer Pächter habe die Gastwirtschaft übernommen. Just in diesem Augenblick kam Frau Krug mit Gläsern und einer Flasche Kirschwasser. „Liebe Chormitglieder", hob sie feierlich an, „es war immer schön mit Euch. Jetzt heißt es Abschied nehmen. Ab nächster Woche habe ich Zeit, dann singe ich bei Euch im Chor." Rauschender Beifall unterbrach Frau Krug, die weitersprach: „Es sind noch so viele angefangene Flaschen da, Korn, Eierlikör, Bailoni,

Wodka, Ramazotti und was weiß ich. Das muss alles weg. Lasst Euch nicht lange bitten, trinkt auf unser Wohl. Prost!" An Singen war jetzt nicht mehr zu denken.

Klaus Gräf sprach noch von einem schönen Trinkkanon, den man einüben könnte, doch der Tenor stellte schon Tische und Stühle. „Prost prost Kameraden, wir woll'n noch einen heben", klang es aus 38 Kehlen. Gegen elf Uhr erkannte der Dirigent und Pfarrer, dass es schleunigst an der Zeit war, das Pfarrhaus aufzusuchen.

Kopfschmerzen waren noch das geringste Übel, das die meisten Sänger am nächsten Tag plagte. Der Getränkemix hatte ein heftiges Magen- und Darmdurcheinander bewirkt.

Halb Kleindottersdorf stöhnte und war krank. Klaus Gräf war heilfroh, dass er gerade noch rechtzeitig den Absprung gewagt hatte, auch wenn Vorsitzender Gerstung ihn zum Bleiben überreden wollte. „Morgen ist Pfarrkonferenz", erinnerte sich Gräf. „Ich habe die Andacht", fiel ihm mit Schrecken ein. „Die Kollegen erwarten was Besonderes, wissen aber immer alles besser", dachte er und begann zu schreiben.

Religion „Vier"

Klaus Gräf brütete über der Andacht zur Pfarrkonferenz. Er hatte beschlossen, anlässlich der „karnevalistischen Umtriebe" in seinem Kirchspiel über das „Lachen in der Kirche" nachzudenken. Vielleicht machte er sich zum Narren. Was soll's. Am Sonntag würde er die Andacht als Predigt verwenden können. Was den Kleindottersdörfern recht war, könnte den Kollegen vielleicht eine Predigthilfe sein.

Friederike und Martin hatten gestern ihre Zeugnisse präsentiert. In Englisch hatte Martin sich deutlich gebessert. Friederikes vier in Religion konnte der Vater und Pfarrer überhaupt nicht verstehen.

„Unser Religionslehrer ist einfach blöd. Ich trete sowieso aus Reli aus", war der einzige Kommentar von Friederike. Sie drehte sich um, wollte ihrer Wege gehen. „Friederike, so geht das nicht", sagte Klaus Gräf bestimmt.

„Papa, ich habe eine Verabredung", entgegnete die Tochter.

„Würdest du mir bitte erklären, was mit Religion los ist, schließlich unterrichte ich ebenfalls an der Schule?"

„Vergiss es, der Schröder macht immer nur Luther und will wissen, warum das mit dem Abendmahl so und nicht anders ist. Ich habe keine Ahnung. Es ist mir auch egal."

„Friederike", betonte Klaus Gräf den Namen jetzt etwas lauter. „Die Schule ist nicht nur Vergnügen.

ZEUGNIS

Friederike Gräf

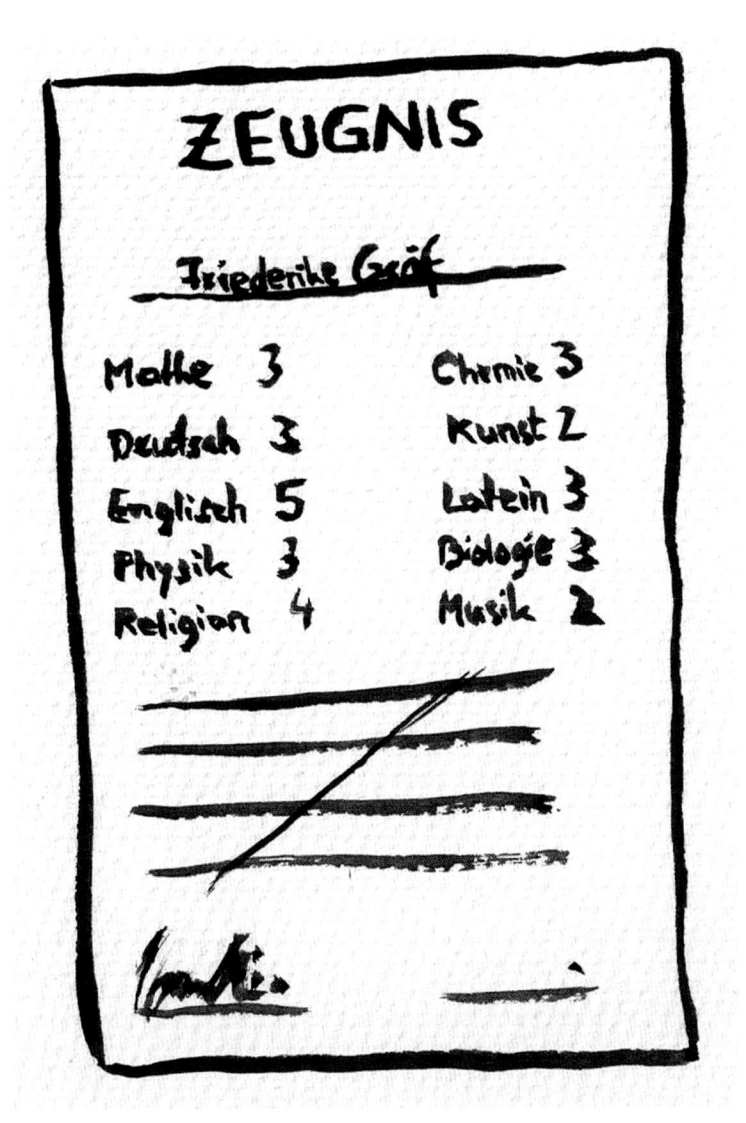

Mathe 3	Chemie 3
Deutsch 3	Kunst 2
Englisch 5	Latein 3
Physik 3	Biologie 3
Religion 4	Musik 2

Auch in Religion musst du lernen. Einfach abmelden ist nicht drin. Punkt, aus!" Friederike schaute verwirrt. So hatte ihr Vater schon lange nicht mehr mit ihr geredet.

„Ich glaube, ich bin alt genug und kann selbst entscheiden, ob ich in Religion bleibe oder nicht", wagte sie zu erwidern.

Klaus Gräf verlor die Geduld, hob die Stimme, wurde unsachlich, aber sehr energisch: „Ich bin Pfarrer hier und meine Tochter geht nicht in den Religionsunterricht. Ich glaube, dir geht's nicht ganz gut. Ich erwarte von dir, dass du den Unterricht mitmachst, und zwar ordentlich. Verstanden!"

Friederike schaute ungläubig, wusste nicht, ob sie grinsen oder wütend werden sollte. „Glaubst du, mir macht in meinem Beruf alles Spaß", fuhr Klaus Gräf fort, „ich habe manchmal auch keine Lust, nur für euer Vergnügen zu sorgen, dich von der Disco Samstagnacht um halb eins abzuholen oder Martin Sonntagnachmittag vom Sportplatz in Großdottersdorf. Das scheint alles selbstverständlich. Es gibt Dinge, die sind unangenehm, da kann ich mich nicht einfach drücken. Außerdem ist Religion wirklich so furchtbar?"

„Das nicht", sagte Friederike, „nur der Lehrer."

„Behältst du den?"

„Nein."

„Also, was ist das Problem? Ich glaube, es ist Zeit zum Abendessen."

„Mein Gott, ist der autoritär", murmelte Friederike.

„Was ist, ich habe dich nicht verstanden", meinte Gräf.

„Nichts, gar nichts. Kannst du mich nach dem Essen zum Bahnhof fahren?", fragte Friederike, „ich will mit Sascha ins Kino." Klaus Gräf meinte, er höre nicht recht, fuhr seine Tochter brav zum Bahnhof und holte sie um halb zwölf wieder ab.

Noch zwei Tage, dann kommt endlich Sabine, dachte der Pfarrer von Kleindottersdorf. Mittlerweile hatte er den Kindern von seiner Urlaubsbekanntschaft erzählt.

Sie schauten zwar ein bisschen reserviert und taten furchtbar gelangweilt.

„Wenn du es brauchst", gähnte Friederike, und Martin ergänzte: „Sieht sie gut aus?"

Jeden Tag telefonierte Klaus Gräf mit seiner „neuen Liebe". „Sabine, mein Schatz, ich kann es kaum erwarten, dich hier zu haben", turtelte er verliebt.

„Du und dein Dorf", flötete Sabine, und beide hauchten durchs Telefon tausend Küsse.

„Mein Gott, wie albern", dachte Friederike, die zufällig die letzten Sätze mitgehört hatte.

Sabine kommt zu Besuch

Im Pfarrhaus in Kleindottersdorf war wieder Ruhe eingekehrt. Friederike besuchte weiter den Religionsunterricht, Martin versuchte sich mit Erfolg an Cäsars Eroberungen im Lateinunterricht, und Klaus Gräf, Pfarrer eines kleinen, aber feinen Kirchspiels, saß an der Predigt. Sieben mal hatte er schon über die Geschichte vom Sämann gepredigt. Überhaupt das Wort „Sämann".

In Kleindottersdorf ist man Bauer oder Landwirt und davon gibt es gerade noch zwei. Säen und Ernten, das machen im Dorf sowieso die Hausfrauen.

Im Frühjahr geht die Gartenarbeit wieder los. Frau Schröder, seine Nachbarin, kann gar nicht schnell genug ihr bisschen Land bearbeiten und schaut, dass auch alle sehen, wie fleißig sie ist, denkt Pfarrer Gräf und überlegt, wie viel denn wohl von seiner Arbeit auf fruchtbaren Boden gefallen ist.

„Wenn ich an die Konfirmanden denke", überlegt er, „könnte ich meinen Laden dicht machen. Aber so wirtschaftlich kann man die pfarramtliche Arbeit sicher nicht sehen", sagt er sich selbst entschuldigend. „Irgendwas muss ich falsch machen, wenn so wenig Interesse für die Bibel, Gottesdienst und Kirche da ist. Ich erlebe die Leute freundlich und man ist dankbar, wenn ich sie besuche. Aber fast nie kommt das Gespräch auf geistliche Themen. Es ist den Leuten unangenehm oder egal.

Dabei glaube ich, fragen sich viele, wie ist das zum Beispiel mit den Gestorbenen, wo sind sie im Tod, oder die Sache mit dem Jüngsten Gericht, oder auch die Frage nach dem Schutzengel und wie es mit der Welt weitergeht. Am Sonntag werde ich keine großen Sprüche vom Sämann wagen, ich werde fragen, wo meine Kleindottersdorfer die Glaubensreste vermuten und was man tun kann, um sie wachsen zu lassen", sagte sich der Pfarrer.

Martin stürmte ins Zimmer. „Na, wie war's in der Schule?" „Mist, ich habe in Mathe eine Fünf."

„Na, wird schon", sagte Klaus Gräf und erinnerte sich ausnahmsweise an seine fruchtlosen Mathematikzeiten auf dem Gymnasium.

Friederike hatte beschlossen, eine Zwei-Tage-Joghurt-Diät einzulegen und verzichtete auf Bratkartoffeln, Salat und Frikadellen. Nur beim Nachtisch konnte sie nicht widerstehen. Sie nahm zweimal vom Tiramisu-Eis.

„Heute Abend kommt Sabine", plauderte Klaus Gräf scheinbar belanglos daher.

„Was will die denn hier?", protestierte Martin.

„Ihr werdet sie schon nett finden", wandte der Vater ein. „Außerdem ist sie meine Freundin und ich bitte euch, das zu respektieren."

Friederike war belustigt. „Papa, du bist ja ganz aufgeregt."

Endlich, kurz vor sechs fuhr Sabine mit ihrem dunkelroten „Twingo" auf den Pfarrhof. Martin und

Friederike schauten heimlich hinter der Schlafzimmergardine auf Papas neue „Eroberung".

Klaus Gräf lief auf den Hof und öffnete die Fahrertür. „Willkommen in Kleindottersdorf", und nahm Sabine in die Arme.

„Schön hast du es hier und diese Luft!" „Ich weiß, irgendjemand hat Gülle gefahren. Macht nichts. Komm rein."

„Das also ist das berühmte Pfarrhaus", meinte Sabine Fischer und folgte Klaus Gräf ins Wohnzimmer. Hier war Zeit für einen langen Begrüßungskuss, wären nicht gerade in diesem Augenblick Martin und Friederike ins Zimmer gekommen, um die „große Unbekannte" in Augenschein zu nehmen.

„Das ist Sabine und das sind Friederike und Martin", stellte Klaus Gräf vor. Etwas unsicher reichte man einander die Hand. „Paps, kannst du mich schnell zu Sascha fahren und mich zu Björn", baten die Kinder.

„Muss das denn sein?", fragte Klaus Gräf.

„Vielleicht kann ich ja helfen", meinte Sabine. „Du fährst Friederike und ich Martin, dann geht alles doppelt so schnell."

„Ach, diese praktischen Frauen", schmunzelte Gräf.

Nach dem Abendessen, jetzt nur zu zweit, schlenderten Sabine Fischer und Klaus Gräf durch Kleindottersdorf. Zuerst war die Kirche dran, dann die Dorfgeschichten. Und während das Paar Hand in Hand durch das Dorf schlenderte, bewegte sich manche Gardine.

„Guck doch mal, der Pfarrer hat 'ne Freundin", rief Frisöse Christiane Meinhard ganz aufgeregt zur Schwiegermutter. Natürlich war das am nächsten Tag die Sensation in Kleindottersdorf. Der Gottesdienst am Sonntag war viel besser besucht als gewöhnlich. Man wollte die neue „Pfarrfrau" sehen. Pfarrer Klaus Gräf hatte schon gehofft, der Same des Predigttextes wäre fruchtbar geworden. Doch zu viele Blicke gingen zu Sabine und leider nicht zu ihm.

„Ob man ihm überhaupt zuhörte", fragte er und beschloss, den Spieß umzudrehen. Er predigte vom Samen der Liebe, der auf fruchtbaren und unfruchtbaren Boden fällt, umschrieb die Dornen mit vergeblicher Liebesmüh, sprach vom ersten Kuss, von Abschiedsschmerz, von Tränen der Freude und des Leides, und die Kleindottersdorfer Männer und Frauen erinnerten sich an Liebesschwüre, Grüne, Silberne und Goldene Hochzeiten, an Scheidungen, Abschiede und lachten herzlich, als ihr Pfarrer die Geschichte der Frauen und ihren Herzallerliebsten erzählte.

Der Kaiser hatte eine Burg erobert. Frauen und Kinder sollten geschont werden. Nur die Burg hatten sie bis zum Morgengrauen zu verlassen. Gnädig gewährte ihnen der Kaiser, das Liebste, das sie hatten, auf dem Rücken mitzunehmen. „Was taten die Frauen?", fragte Pfarrer Gräf, „sie schleppten tatsächlich ihre Männer auf dem Rücken mit in die Freiheit. Manchen mag die Last vielleicht später gereut haben, den Kaiser hat's gerührt."

So sei das mit dem Samen des Evangeliums. Manches wird zur Freude, manches zur Last und man erträgt beides in Geduld, predigte der Pfarrer. Gemeinsam sang man „In dir ist Freude in allem Leide" und freute sich auf das Mittagessen.

„Schön hast du gepredigt", applaudierte Sabine. „Richtig lebendig. Zu dir würde ich immer in die Kirche kommen."

„Kein Problem, der Anfang ist gemacht", lächelte Klaus Gräf.

Eingehakt schlenderte man zum Pfarrhaus, der Pfarrer im Talar, Sabine im eleganten Tweed-Kostüm und auf hochhackigen Schuhen, die nun so gar nicht zu Kirchweg und Pfarrhof passen wollten.

„Wie wär's mit einem Vor-Mittagsschlaf oder wollen wir zuerst Essen gehen?", fragte der verliebte Pfarrer aus Kleindottersdorf.

„Ich glaube, Friederike und Martin haben riesigen Hunger", meinte Sabine. Klaus Gräf murmelte: „Immer diese vernünftigen Frauen."

Streit ums Land

Pfarrer Gräf war nervös. Hin und her lief er in seinem Arbeitszimmer. Heute Abend war Kirchenvorstandssitzung. Bürgermeister Brede hatte den Antrag gestellt, auf Kirchenland einen Tennisplatz bauen zu wollen. Dafür sollte die Kirchengemeinde im Austausch Gemeindeland erhalten.

Klaus Gräf verstand sich gut mit dem Bürgermeister. Nur zwischen politischer Gemeinde und Kirchengemeinde gab es seit Jahren Spannungen. Zuerst waren es die Windkrafträder. Einstimmig hatte der Kirchenvorstand zum Bau der riesigen Masten auf dem Kirchenland „Nein" gesagt. Sie seien an anderer Stelle besser dem Wind ausgesetzt und würden am geplanten Ortseingang das Bild von Kleindottersdorf verschandeln. So wurden sie nicht gebaut, und der Gemeindevorstand war enttäuscht und zornig.

Im nächsten Jahr hatte Bürgermeister Brede in seiner Eigenschaft als 1. Vorsitzender der Raiffeisenbank des Ortes die Idee, die Kirche abends anzustrahlen. Die Kosten übernehme die Bank, habe man im Vorstand beschlossen. Wieder tagte der Kirchenvorstand und lehnte dankend ab, genehmigte aber gleichzeitig den Einbau einer Antenne im Kirchturm zum besseren Mobilfunkempfang. Im Sinne einer umweltgerechten Kirchenpolitik sei das Anstrahlen der Kirche nicht zu verantworten, teilte man dem Bürgermeister mit.

Seitdem hatte man den Bürgermeister nur noch bei offiziellen Anlässen in der Kirche gesehen, zuletzt beim Schützenfest.

Pfarrer Gräf telefonierte mit Frau Rüdiger. „Was meinen Sie zu der Tennissache?", fragte der Pfarrer von Kleindottersdorf. „Ach, wissen Sie, mir ist das egal", sagte die Lehrerin. „Hauptsache, die sportlichen Leute haben einen Platz und Ärger haben wir mit der Gemeinde schon genug. Wollen wir es uns etwa auch noch mit dem Sportverein verderben?"

Also, Frau Rüdiger war für den Landtausch. Jetzt war Frau Meinhard dran. „Mein Gott, Herr Pfarrer, Sie stören mitten in der Dauerwelle bei Frau Grabbe", sagte die Frisörin. „Hauptsache, es nützt was", murmelte Gräf.

„Frau Meinhard, was ist Ihre Meinung zu dem Landtausch?"

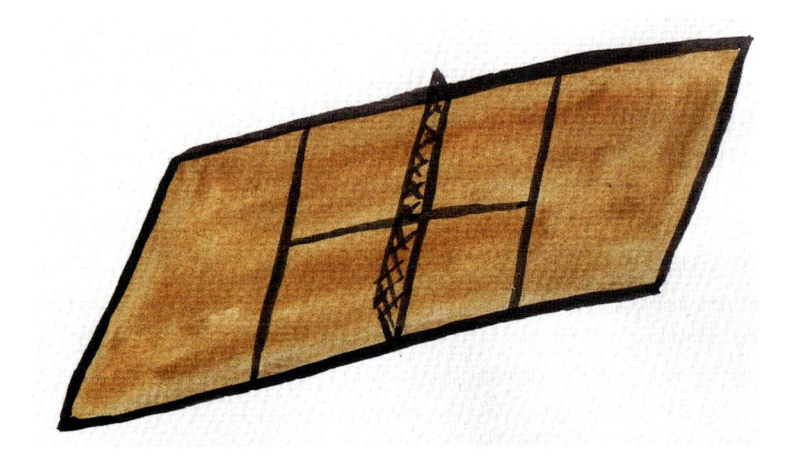

„Ist mir egal. Nur kein Streit." „Prima und nehmen Sie die richtige Farbe für Frau Grabbe, vielleicht grün." „Aber, Herr Pfarrer", lachte Frau Meinhard.

Bei Herrn Wolf war es schon schwieriger. „Herr Gräf, ein Landtausch kommt nicht in Frage", meinte der Finanzbeamte. „Die Kirchensteuereinnahmen sind gesunken, unser Haushalt ist erheblich knapper geworden. Wir brauchen in Zukunft jeden Pfennig. Außerdem ist der Bürgermeister rot und ich bin schwarz", sagte Herr Wolf. „Der Sportverein gehört auch zu den Roten, und überhaupt Tennis, das ist nur was für die Elite in Kleindottersdorf. Kommt nicht in Frage."

„Herr Wolf, denken Sie doch mal an die Kinder und an unser Gemeindefest. Da will doch der Sportverein die ganzen Spiele übernehmen. Der Musikzug tritt ebenfalls auf. Sollen wir das alles aufs Spiel setzen? Wir gehören doch zusammen in unserem Dorf und machen in Kleindottersdorf keine große Politik."

„Na ja, wenn Sie das so sehen, dann ist ein halber Hektar wirklich nicht viel. Außerdem bin ich ja viel zu alt für Tennis, aber mein Enkel hat schon Interesse angemeldet, also gut."

Pfarrer Gräf begrüßte abends den Kirchenvorstand. Kräftig sang man ein Lied von „neuen Wegen, denen man vertrauen soll" und schon war man mitten in der Diskussion um das Kirchenland.

Das heißt, Bauer Ottmar Heinrich führte das Wort: „Das Kirchenland gehört seit Jahrhunderten der Kirche.

Früher hat es mein Vater beackert. Ich hätte das Land auch gerne, könnte es gebrauchen. Das geben wir nicht der Gemeinde."

„Wer bewirtschaftet es denn jetzt?", fragte Gräf.

„Es war mal Gartenland und liegt brach", erklärte Frau Rüdiger.

„Ottmar", sagte Pfarrer Gräf zu seinem Duzfreund seit seiner Hilfe bei der Geburt des Kalbes im Stall, „du bist doch alter Kleindottersdorfer. Du kennst die Leute, hast selber Kinder, warst begeisterter Fußballspieler im FC Kleindottersdorf und musizierst noch im Musikzug. Du weißt, was das für einen Streit gibt, wenn wir diesmal nicht auf den Wunsch der Gemeinde eingehen. Außerdem, das Landeskirchenamt hat nichts dagegen.

Das Land, das wir bekommen, sei genauso gut. Grenzt das Tauschland nicht genau an dein Land da unten beim Wald?"

„Ja."

„Und wenn der Kirchenvorstand nun beschließt, dir dieses Stück zu verpachten?"

„Da hätte ich nichts dagegen", meinte Ottmar Heinrich. Einstimmig beschloss der Kirchenvorstand den Landtausch.

„So legt euch denn ihr Brüder", sang man traditionsgemäß am Ende. Alle gingen zufrieden und schon nach nur einer guten Stunde Sitzung nach Hause. Einige zwar noch in die Gaststätte, Pfarrer Gräf ins Arbeitszimmer. Er musste noch den Schulunterricht vorbereiten. Gegen zehn klingelte das Telefon. „Tut mir leid, dass ich so spät anrufe", sagte Bürgermeister Brede, „wollte nur wissen, was mit dem Land ist, denn wir haben gerade Gemeindevertretersitzung."

„Sie können das Land haben, aber nur, wenn wir beide das Eröffnungsspiel machen", antwortete Gräf.

„Mann, Pfarrer, das ist ja eine Sensation, Gemeinde und Kirche arbeiten wieder zusammen. Die Gemeindevertretung wird staunen. Schönen Abend noch."

Kaum hatte er aufgelegt, klingelte es erneut. „Herr Pfarrer", sprudelte Frau Rüdiger, „wie Sie das gemacht haben, war eine diplomatische Meisterleistung."

Kaum hatte er aufgelegt, läutete es an der Tür. Wenn jetzt noch einer kommt, kriege ich die Krise. Sabine, seine Freundin, stand vor der Tür. „Sabine, mein Schatz, was machst du denn hier?"

„Ich hatte einfach Sehnsucht nach einem seelsorgerlichen Gespräch", schmunzelte seine neue Liebe. „Ich glaube, du kannst ein bisschen Wärme gebrauchen, oder sollte ich mich so in meinem Pfarrer täuschen?"

„Und wo sind deine Kinder?" „Die sind bei ihren Großeltern."

„Sie sehen ein bisschen übernächtigt aus", meinte der Schulleiter am nächsten Morgen, als Gräf in seine Klasse eilte. „Ja, der Vollmond macht einem schon zu schaffen", knurrte Gräf und ließ die Klasse einen Test schreiben. Das Thema, frei nach Tolstoi: „Wie viel Erde braucht der Mensch zum Leben?"

Alt trifft Jung

Kleindottersdorf blühte auf. Die Frühlingssonne holte den letzten Winterschläfer aus seinem Gehäuse. Bauer Heinrich hatte die Kirschbäume zurückgeschnitten, und Frau John säte Möhren aus. Im Frühbeet harrten bereits ihre Tomaten und Sommerblumen auf das Ausbringen in den von ihr heiß geliebten Garten. Doch das hatte noch Zeit. Schneeglöckchen, Krokusse und Märzenbecher begrüßten den neuen Tag im Pfarrgarten. Osterglocken und Tulpen zierten Wohn- und Esszimmer.

Pfarrer Klaus Gräf liebte Blumen. Er schätzte die gemütliche Atmosphäre, selbst wenn immer irgendwo Zeitungen und Bücher herumlagen.

Am Nachmittag hatte er Konfirmandenstunde. Die Prüfung oder besser Vorstellung der Konfirmanden rückte immer näher. Gräf freute sich schon auf diese spezielle Konfirmandenstunde mit Kirchenvorstand und Eltern. Da sollten die Mädchen und Jungen zeigen, was sie gelernt hatten.

Er band sich eine dezente Krawatte um und besuchte Frau Riemenschneider zu ihrem 80. Geburtstag.

Die Tochter war noch tüchtig in der Küche am Backen, und die Jubilarin schaute ein wenig erstaunt, dass der Pfarrer schon so früh kam. „Ich dachte, Sie kämen heute Nachmittag, wenn alle Gäste da sind", begrüßte Elisabeth Riemenschneider ihren Pfarrer.

„Ach, Frau Riemenschneider, Sie wissen doch, dienstags ist Konfirmandenstunde und dann Kindergottesdienstvorbereitung. Deshalb freue ich mich, dass wir beide jetzt ganz viel Zeit für uns haben."

„Das ist schön", meinte die alte Dame, „aber noch schöner wäre es, wenn meine Gäste den Pfarrer auch mal gesehen hätten. Sonst kommen die jungen Leute ja doch nicht unter Gottes Wort. Die wollen ja nichts mehr von der Kirche wissen. Meine Enkelin will noch nicht mal in die Konfirmandenstunde. Und die Eltern wollen das auch noch zulassen. Da habe ich mir aber meinen Sohn vorgenommen und habe ihm und seiner Frau die Leviten gelesen.

Wäre ja noch schöner, wenn die Kinder einfach machen könnten, was sie wollten. Sie muss doch wenigstens den

Unterricht kennen lernen, um sich eine Meinung zu bilden, habe ich gesagt. Wenn sich Christina dann am Ende immer noch nicht konfirmieren lassen will, dann soll es wohl so sein.

Herr Pfarrer, es hat sich nicht alles zum Guten gewendet, das kann ich Ihnen sagen. Ich kann noch alle Lieder auswendig. Und die Gebote und die Psalmen. Was mussten wir alles lernen. Es hat mir nichts geschadet, im Gegenteil. Ich bin so froh, dass ich meine Gebete im Kopf habe und ein gutes Gedächtnistraining in meinem Alter ist es obendrein. Heute lernen die Konfirmanden ja nichts mehr. Da nützt alles Reden von uns alten Leuten nichts."

Zusammen betete man dann auswendig die Worte des 23. Psalms: „Der Herr ist mein Hirte." Und als die Tochter fertig war mit dem Frankfurter Kranz, sang man zusammen alle fünf Strophen von „Lobe den Herren, den mächtigen König der Ehren". Pfarrer Gräf musste ab Strophe drei aufpassen, dass er den Text nicht verwechselte, aber Frau Riemenschneider zog voraus, und Tochter und Pfarrer folgten einträchtig nach.

„Liebe Frau Riemenschneider", meinte Pfarrer Gräf zum Abschied, nachdem er natürlich den Frankfurter Kranz probiert hatte, „ich würde mich freuen, wenn Sie uns einfach mal in der Konfirmandenstunde besuchen und erzählen, wie das damals bei Ihnen war und was Ihnen der Unterricht und die Konfirmation fürs

Leben bedeutet haben. Ich glaube, die Jungen und Mädchen werden ganz gespannt sein."

Am Nachmittag in der Konfirmandenstunde erzählte Pfarrer Gräf von seinem Geburtstagsbesuch und kündigte Frau Riemenschneider an. Leichtes Gähnen und Lächeln waren die Reaktionen.

„Peter, erzähl mir was über die Bedeutung der Schöpfungsgeschichte." Peter zögerte, überlegte, schwafelte von Adam und Eva, der Schlange und dem berühmten Apfel.

„Dummes Zeug", unterbrach ihn Gräf. „Bei wem hast du eigentlich Konfer gehabt? Erzähl niemand, dass du aus Kleindottersdorf kommst und bei mir warst. Susi, erklär du es ihm und blamiere mich nicht."

„Die Schöpfungsgeschichte ist eine Predigt. Die Leute damals wollten sagen, dass allein Gott die Welt geschaffen hat, es keine anderen Götter gibt, wie zum Beispiel in Ägypten, wo man an Sternengötter, Sonnen- oder Mondgott glaubt."

„Außerdem wurde der Sonntag geschaffen zum Ausruhen", meinte Stefan, „aber wir müssen immer in die Kirche."

„Ist ja gut", meinte Peter, „und der Sündenfall soll zeigen, dass, wenn man sein will wie Gott, alles schief geht, also Mord und Totschlag die Folge sind."

„Gut, Susi, gut, Peter, es geht doch."

Über Mose ging es zu Jesus, vom Glaubensbekenntnis zur Bedeutung des Abendmahls. Gräf war zufrieden. Die Kinder hatten die Lieder, Psalmen und Bibelstellen gelernt und kannten sich in den biblischen Zusammenhängen aus. Zusammen spielte man noch zwei Runden „Obstsalat" und sang zum Abschluss zur Gitarre nicht schön, aber laut: „Bolle reiste jüngst zu Pfingsten." Susi hatte zwar auf dem Lied „Laudato si" bestanden, aber ohne Chance gegen die Jungen.

Susi und Peter schlenderten Hand in Hand vom Gemeindesaal nach Hause. Beide liebten sich sehr. „Ich muss noch Englisch machen und ich Mathe", verabschiedeten sie sich. „Ruf mich an." „Ja, gleich, wenn ich zu Hause bin, schick ich dir eine SMS."

Ziemlich erledigt trank Klaus Gräf einen Kaffee. An der Tür klingelte es. Draußen stand Peter. „Herr Gräf, hier ist Ihr Martin. Der ist mit seinen Inlinern gestürzt und wusste nicht mehr, wie es nach Hause geht."

„Danke, Peter." Beide brachten den taumelnden Jungen ins Wohnzimmer und legten ihn auf die Couch. Peter verabschiedete sich. Klaus Gräf rief Friederike. „Bleibe bitte bei deinem Bruder, ich telefoniere mit dem Arzt."

„Friedrich, du musst sofort kommen, Martin ist gestürzt. Es sieht nach Gehirnerschütterung aus, er weiß überhaupt nichts und redet völlig durcheinander", berichtete Klaus Gräf seinem Freund und Hausarzt Dr. Friedrich Lacher.

Minuten später war der Arzt im Pfarrhaus und untersuchte Martin. „Wir brauchen einen Krankenwagen, Martin muss sofort ins Krankenhaus", war seine erste Diagnose. „Der Kopf muss auf jeden Fall geröntgt werden."

Es dauerte unendlich lange, bis der Krankenwagen kam. Martin wurde immer schwächer. Sämtliche Farbe war aus dem Gesicht gewichen. Klaus Gräf hatte Angst.

Muss Martin sterben?

Klaus Gräf hatte furchtbare Angst. Martin, sein 13-jähriger Sohn, lag regungslos auf dem Sofa. Er war mit seinen Inlinern gestürzt. „Der Kopf muss schnellstens im Krankenhaus geröntgt werden. Der Krankenwagen muss jeden Augenblick kommen", meinte der Arzt und Freund der Pfarrfamilie, Dr. Lacher. Die Minuten bis zum Eintreffen des Krankenwagens vergingen unendlich langsam.

Martin dämmerte dahin. „Muss ich sterben?", fragte er auf einmal seinen Vater, der entsetzt antwortete: „Nein, mein Junge, gleich wird dir geholfen. Wir fahren alle zusammen ins Krankenhaus."

Mit Blaulicht und Sirenen jagte der Rot-Kreuz-Wagen zur Klinik. Pfarrer Gräf und seine Tochter Friederike versuchten, ihm mit seinem Wagen zu folgen.

Martin kam auf eine Liege und wurde sofort zum Röntgen gefahren. Klaus Gräf, der die Klinik von zahlreichen Krankenbesuchen kannte, machte derweilen die Angaben zur Person seines Sohnes. Dann kam eine Ärztin auf ihn zu: „Ihr Sohn hat einen Schädelbruch. Es ist aber nicht so schlimm. Später werden wir noch ein CT machen."

„Was heißt später?", fragte Gräf.

„In zwei Stunden, dann ist die Schwellung zurück und wir können was erkennen."

Martin lag auf der Liege. Klaus Gräf und Friederike standen bei ihm. „Friederike, ruf bitte deine Mutter an und erzähl ihr von Martins Unfall. Es ist vielleicht gut, wenn sie hierher kommt." Friederike nahm das Handy ihres Vaters und ging nach draußen zum Telefonieren.

Martin hatte jegliche Farbe aus dem Gesicht verloren. Sein Atem wurde flacher und es schien dem Vater, als weiche alles Leben aus seinem Jungen.

„Ich meine, Sie sollten sofort das CT machen", sagte er zur Ärztin, als sie gerade an der Aufnahme vorbeikam.

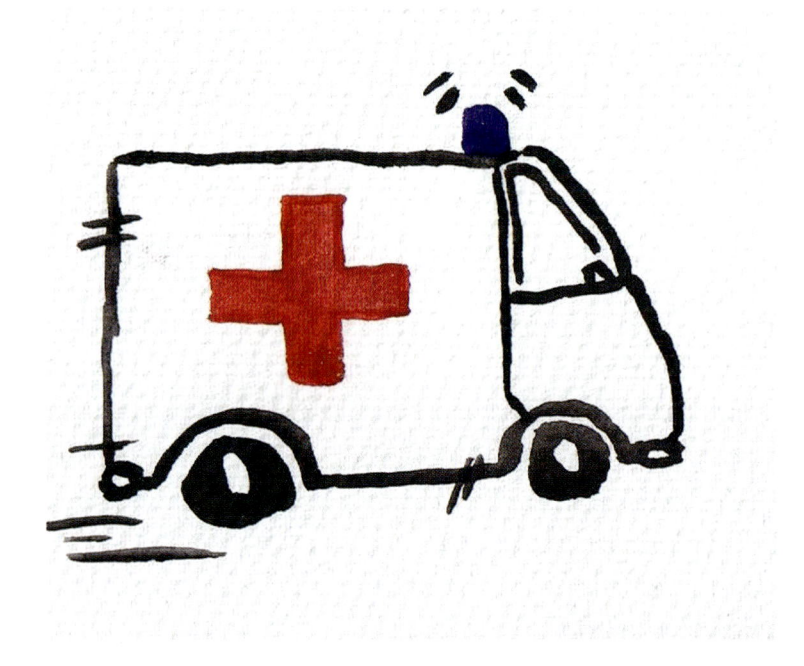

„Ich habe Ihnen doch gesagt, später."

Pfarrer Gräf wurde laut, sehr laut, so wie er sich noch nie erlebt hatte. „Frau Doktor, wenn Sie nicht sehen, dass das Kind stirbt, dann suchen Sie sich einen anderen Beruf. Sie lassen sofort das CT machen. Haben Sie verstanden."

In wenigen Minuten lag Martin in der Röhre. Sein Kopf wirkte so klein. Gräf war im Computerraum, wo die Untersuchungsergebnisse zusammenliefen. „Es ist eine ganz schlimme epidurale Blutung. Das muss sofort operiert werden", war der Befund. Innerhalb der nächsten zehn Minuten lag Martin im Operationssaal. Aus zwei Stunden angesagter OP-Zeit wurden vier, die längsten Stunden im Leben eines Vaters.

Mit Friederike war er Kaffee trinken gegangen. Dann wartete man, schwieg und er betete. „Hoffentlich geht alles gut", sagte Friederike. Endlich kam der Oberarzt Dr. Fleischmann. „Ihr Martin hat Glück gehabt. Die Blutung im Gehirn hatte sich extrem ausgebreitet. Länger hätte es nicht dauern dürfen. Normalerweise operieren wir das nicht in unserem Krankenhaus. Aber zufällig war heute ein bekannter Neurochirurg aus Ulm bei uns. Mit ihm zusammen habe ich die Operation durchführen können. Hoffen wir, dass nichts zurück bleibt. Martin bleibt noch einige Zeit im Koma, dann werden wir sehen."

Klaus Gräf und Friederike gingen wie erschlagen in die Kinderabteilung. Da lag der Junge, kaum zu erkennen, mit seinem großen Kopfverband. Dr. Bleckmann, Chef auf der K1, saß an seinem Bett. „Wir werden ihn rund um die Uhr beobachten. Bei der kleinsten Veränderung ist einer von uns Ärzten bei ihm", ermunterte er Vater und Schwester. „Sie werden sehen, es wird wieder, aber es braucht Zeit."

Gräf liefen die Tränen übers Gesicht, und Friederike hielt krampfhaft die Hand ihres Bruders. Am Abend rief seine Ex-Frau Irene aus München an. „Klaus, was ist mit Martin? Ich mache mir Sorgen." Klaus Gräf erzählte von der Operation und wie es um den Sohn stand. „Ich komme morgen und wohne bei einer Freundin. Ich will bei meinem Sohn sein."

Die Welt in Kleindottersdorf hatte sich verändert. Die Sorglosigkeit, die den Ort bestimmte, war einer gespannten Anteilnahme am Schicksal von Martin gewichen.

Die Konfirmanden fragten nach Martin, der Seniorenkreis betete für den Jungen und ganz viele im Dorf ebenfalls. Sabine, die Freundin von Klaus Gräf, war in dieser Zeit so oft wie möglich in Kleindottersdorf. Ihre Gegenwart half dem Vater und Pfarrer, mit der Sorge um Martin, der Arbeit, seiner eigenen Angst und dem Haushalt zurecht zu kommen.

Nach drei Wochen schlug Martin die Augen auf, sah seinen Vater, Dr. Bleckmann und die Schwester. „Window", war sein erstes Wort. „Keine Ahnung, was das zu bedeuten hat", meinte Gräf und lächelte.

Jeden Tag ging es nun ein bisschen aufwärts. Professor Hermann untersuchte laufend den Jungen, ob bleibende geistige oder körperliche Schäden erkennbar seien. „Herr Pfarrer, ich kann nur feststellen, dass bei Martin nichts zurückbleiben wird. Danken Sie Gott dafür. Das ist nicht selbstverständlich."

Für alle in der Familie war die Heimkehr von Martin ins Pfarrhaus nach Kleindottersdorf wie ein zweiter Geburtstag und wurde genauso gefeiert. Zwar sah Martin ohne Haare und mit Kopfverband noch ein bisschen fremd aus, aber seinen Freunden Sven und Björn war das egal. Hauptsache, sie hatten ihren Freund und Fußballkameraden wieder.

Am Sonntag im Gottesdienst saß Martin bei seinen Freunden in der Kirchenbank. Pfarrer Gräf musste mehrfach schlucken, um weiterreden zu können. Dann dankte er allen in der Gemeinde für die Fürbitte. Die vielen aufmunternden Worte hätten ihm gut getan.

Am Nachmittag spazierten Sabine und Klaus Gräf am Waldrand von Kleindottersdorf. Sie hielten sich fest an der Hand und dachten an die vergangenen Wochen.

„Klaus, du bist Pfarrer und glaubst an Gott", sagte Sabine nachdenklich.

„Natürlich, na und?", meinte Klaus Gräf.

„Was wäre eigentlich mit deinem Gottesglauben passiert, wenn es mit Martin anders gekommen wäre?"

Klaus Gräf dachte lange nach. „Sabine, ich weiß es nicht und ich habe Angst vor der Antwort. Ich bin mir nicht sicher, ob mein Glaube diese Krise überstanden hätte."

Überraschung beim Traugespräch

Aufgeregt saßen Anke Gruber und Thomas Knappe auf dem blauen Sofa im Amtszimmer von Pfarrer Gräf. „In vierzehn Tagen ist Hochzeit und jetzt erst das Traugespräch", beschwerte sich die junge Frau bei ihrem Verlobten. „Wer weiß, was wir noch alles erledigen müssen."

„Hoffentlich fragt der Pfarrer nicht irgendwelche Bibelsprüche oder Lieder ab. Mal sehen, was das für ein Typ ist. Soll ja ganz anständig sein, habe ich gehört", meinte der zukünftige Ehemann.

„Hat übrigens eine Freundin. Habe sie neulich beim Spazierengehen getroffen", meinte Anke Gruber.

Die Tür zum Arbeitszimmer öffnete sich. Herein kam Klaus Gräf. „Tut mir leid, dass ich Sie warten ließ, aber ich musste meinem Sohn noch schnell eine Mathe-Aufgabe erklären. Er schreibt morgen einen Test."

„Sie wollen also heiraten. Erzählen Sie doch mal, wie hat's denn bei Ihnen angefangen?"

„Das war schon komisch", meinte Anke. „Der Thomas hat mich bei der Fahrt zur Arbeit im Rückspiegel seines Autos gesehen." Jetzt war Thomas dran.

„Ich dachte, die Frau sieht richtig gut aus. An der nächsten Ampel stand ich neben ihr. Aber sie hat mich einfach links liegen lassen. Natürlich habe ich mir das Auto-Kennzeichen gemerkt. Dann habe ich eine Anzeige aufgegeben mit meiner Handy-Nummer. Nichts passierte."

Nun wieder Anke. „Auf einmal hat eine Freundin zu mir gesagt, da steht ja dein KFZ-Kennzeichen bei den Kontaktanzeigen. Gut, ich war neugierig, hatte gerade Liebeskummer und rief an. So war das und ist genau drei Jahre her."

„Jetzt sind wir nicht mehr ganz allein und wollen heiraten", schloss Thomas die Kennenlern-Phase.

„Wie weit sind Sie denn, Frau Gruber?", fragte Pfarrer Gräf.

„Fast im fünften Monat."

„Dann wird das ja ein richtiger Familienstart, denn so etwas wie Ehe leben Sie ja schon eine ganze Zeit. Was mögen Sie übrigens an Ihrer Partnerin am liebsten?", fragte unvermittelt Pfarrer Gräf den verdutzten Bräutigam.

„Ach, sie ist nett, man kann sich gut mit ihr unterhalten und sie ist pünktlich. Als Bankangestellte kann sie mit Geld gut umgehen und ist sparsam, wir wollen schließlich bald bauen. Und sie schläft gerne lange aus. Das genieße ich, sonntags lange im Bett zu liegen und zu kuscheln. Sie lacht so schön und hat ein Herz für mich. Reicht das?"

„Was mögen Sie bei Ihrem Partner am liebsten, Frau Gruber?"

„Er sieht gut aus. Küsst fantastisch, liest mir fast jeden Wunsch von den Augen ab, ist zärtlich, höflich, trägt mich noch auf den Händen, und selbst politisch können wir diskutieren. Er ist kein Typ, der dauernd vor der Glotze sitzt. Wir gehen zusammen ins Fitness-Studio, machen viel zusammen."

„Und was mögen Sie gar nicht?"

„Das ist ganz einfach", erzählte Anke Gruber, „wenn er von der Arbeit nach Hause kommt, zieht er seine Klamotten aus und wirft sie überall in der Wohnung rum. Ich muss sie dann wegräumen. Außerdem hasse ich es, immer mit zu den Handballspielen zu müssen. Er ist fanatisch, wenn es um seine Mannschaft in Großdottersdorf geht."

„So ein Blödsinn", unterbricht erregt Thomas Knappe seine Braut. „Du willst doch immer zu den Spielen. Ich gehe nur dir zuliebe mit. Ich würde viel lieber mit meinem Motorrad durch die Gegend fahren, als Handball zu sehen."

„Ach", stöhnt Anke, „und ich hätte lieber in Ruhe meinen Haushalt gemacht, als mit dir in die Sporthalle zu gehen. Mein Gott, dann haben wir das alles nur gemacht, weil wir glaubten, dem anderen einen Gefallen zu tun. Das kann doch nicht wahr sein. Wir müssen mehr reden."

Das Traugespräch brachte noch manche Überraschung an den Tag. Dann suchte man die Lieder aus und unterhielt sich über den Trauspruch, den natürlich Ankes Mutter vorgeschlagen hatte: „Gott ist die Liebe, und wer in der Liebe bleibt, der bleibt in Gott und Gott in ihm."

„Der Typ ist o.k.", meinte Thomas im Auto, als sie in ihre Wohnung fuhren. Zwei Wochen später, an einem Samstagnachmittag, als gerade im Nachbardorf in der Sporthalle die Handballmannschaft auflief, bewegte sich der Hochzeitszug mit Anke Gruber und Thomas Knappe durch Kleindottersdorf. An der Straße standen viele Leute, bewunderten das Kleid der Braut und wünschten Glück. Feuerwehr und Gymnastik- gruppe, bei denen die Brautleute Mitglieder waren, standen vor der Kirche Spalier.

Dann passierte das, was man in Kleindottersdorf noch lange erzählen wird. Glücklich und aufgeregt vor dem Ja-Wort saß das Paar vor dem Altar. Sie hatten, wie alle Paare in Kleindottersdorf, Platz genommen in den beiden Thronsesseln aus gräflichen Patronatszeiten, die bei solch feierlichen Anlässen bereit stehen.

„Ich bitte Sie jetzt, aufzustehen und sich das Ja-Wort zu geben", sagte Pfarrer Gräf nach einer, wie die Brauteltern meinten, zu Herzen gehenden Ansprache. Thomas Knappe, in neuem schwarzem Anzug mit rosa Rose im Knopfloch, erhob sich. Anke Gruber überreichte den Brautstrauß der Trauzeugin und versuchte, sich aus dem schweren roten Stuhl zu erheben. Es ging nicht. „Thomas, ich komme nicht hoch", flüsterte sie aufgeregt. Gräf schmunzelte. „Mein Kleid hat sich im Sitz verhakt." „Stell dich nicht so an und steh auf", murmelte entgeistert der Bräutigam.

Anke Gruber nahm ihr Kleid in die Hände und stand mit einem Ruck auf. Das Kleid riss, der Oberstoff des

Brautkleides blieb am Stuhl hängen, und die Braut hauchte in bezauberndem weißen Reifrock: „Ja, mit Gottes Hilfe." Das Paar küsste sich, lachte und war glücklich.

Als Pfarrer Klaus Gräf sechs Monate später zum Taufgespräch in die Wohnung der Familie Knappe-Gruber kam, hing der Brautkleidoberstoff eingerahmt in der Wohnung und erinnert Anke und Thomas an den „schönsten" Tag in ihrem Leben.

Dunkle Wolken über dem Glück

Die Sonne schien auf Kleindottersdorf. Bauer Ottmar Heinrich fuhr Jauche aufs Feld, und Pfarrer Klaus Gräf telefonierte mit Sabine. „Ich habe Karten für die Oper am Samstag", erzählte er freudestrahlend, „Premiere von Cosi fan tutte."

„Klaus", antwortete seine Freundin, „das ist schön, aber an diesem Abend bin ich auf dem Geburtstag meiner Freundin. Außerdem finde ich es unmöglich, wie du einfach über meine Termine bestimmst. Ich lasse mich nicht vereinnahmen." Klaus Gräf war beleidigt.

„Ich dachte, ich könnte dir eine Freude machen", erwiderte er kleinlaut.

„Klaus, ich bin schon groß, falls du das noch nicht gemerkt haben solltest. Immer soll ich das machen, was du geplant hast. Am Sonntag Gottesdienst, dann dich begleiten bei einem Gemeindebesuch. Wo bleibe ich eigentlich mit meinen Wünschen? Vielleicht kommst du mal aus deinem Kleindottersdorf raus und verbringst das Wochenende bei mir und hörst endlich zu, was ich dir zu sagen hätte."

„Aber ich habe doch Dienst", wagte der Pfarrer von Kleindottersdorf einzuwenden.

„Immer hast du was. Und wenn es tatsächlich mal Zeit für uns gäbe, kommt garantiert ein wichtigeres Gespräch. Immer verschwindest du zu einem deiner

Termine. Du scheust jede Auseinandersetzung. Entschuldige mich jetzt, ich habe zu arbeiten. Wir können ja heute Abend noch einmal telefonieren."

„Das kann doch alles nicht wahr sein", dachte Klaus Gräf und machte sich einen Milchkaffee.

Am Nachmittag war Konfirmandenprüfung im Gemeindesaal. Gräf schaute über den Fragenkatalog und war gespannt, ob alles gut gehen würde.

Er wusste genau, der eigentliche Prüfling war der Pfarrer. Ging alles in Ordnung, glänzten die Konfirmanden. Wenn nicht, lag es am schlechten Konfirmandenunterricht.

In großer Runde saßen die 28 Mädchen und Jungen. Dahinter der Kirchenvorstand und die Eltern. Einige Großeltern hatten es sich nicht nehmen lassen, mit ins

Gemeindehaus zu kommen. Pfarrer Gräf erzählte vom Jahr der Bibel und fragte nach Aufbau und Gestaltung des Alten und Neuen Testaments.

Die Bedeutung der Schöpfungsgeschichte schienen tatsächlich alle verstanden zu haben. Die Eltern wollte Gräf lieber nicht fragen. Er war froh, dass Peter, Götz und Mareike klar die Sache mit Gott, Adam und Eva interpretierten.

Thomas, in der Schule nicht gerade eine Leuchte, konnte die ersten Verse von Psalm 103 perfekt auswendig. Dann folgte Tim mit dem Lied „Lobe den Herren". Nur bei der 2. Strophe gab es großes Gelächter.

Tim machte aus den Worten „Lobe den Herren, der alles so herrlich regieret, der dich auf Adelers Fittichen sicher geführt", ein „der dich auf Adelers Flittchen" sicher geführt.

Gräf lachte und fragte, ob er denn wüsste, was Fittiche seien? „Keine Ahnung", antwortete Tim, und von „Flittchen" auch keine Ahnung, aber das Wort habe er schon mal gehört.

Einen ähnlichen Erfolg gab es mit dem Sommerlied „Geh aus mein Herz". Zusammen sang man die ersten vier Strophen, und dann wollte Klaus Gräf von Julia, die auf einem Bauernhof lebt, wissen, was denn eine Glucke sei. Julia schaute verständnislos, wusste nichts von Hühnerzucht und einer beschützenden Glucke.

„Hast du das Wort noch nie gehört?", fragte verblüfft der Dorfpfarrer.

„Doch, ich weiß, was eine alte Glucke ist", meinte Julia lachend, „ich glaube, so nennt man eine Oma."

Gräf vermied, in der herrschenden Heiterkeit, weiter nachzufragen. Kirchenvorsteher Wolf bescheinigte den Konfirmanden, dass ihm diese Konfirmandenstunde richtig Spaß gemacht habe. Besonders freue er sich, wie viele Lieder und Bibelverse die Jugendlichen auswendig gelernt hätten und wünschte „Gottes Segen für Euren Vorstellungsgottesdienst und die Konfirmation".

Rauschen im Krankenzimmer

Pfarrer Klaus Gräf saß bei Frau Weigel in der Küche. Die kleine Wohnung sah gemütlich unaufgeräumt aus. Ihre Kinder Jan und Florian waren in der Schule, Malte im Kindergarten. Conni Weigel war alleinerziehende Mutter.

„Ja, Frau Weigel", begann Pfarrer Gräf, „mit Jan gibt es Probleme im Konfirmandenunterricht. Der Kirchenvorstand hat beschlossen, Ihren Sohn nicht konfirmieren zu lassen."

„Herr Pfarrer, das können Sie doch nicht machen. Was sollen die Leute denken?"

„Das Problem, Frau Weigel, ist, Jan hat fast nie den Unterricht besucht, im Gottesdienst war er ganz selten und an den Konfirmandenfreizeiten hat er auch nicht teilgenommen. Natürlich war er beim Vorstellungsgottesdienst und am Prüfungsnachmittag nicht anwesend."

„Herr Gräf, es ist im Moment sehr schwierig mit dem Jungen. In der Schule ist er völlig abgerutscht. Seine Leistungen sind miserabel. Das begann alles, als sein Vater letztes Jahr auszog und eine neue Freundin hatte. Jan ist seitdem total von der Rolle. Bestrafe ich ihn mit Taschengeldentzug, bekommt er Geld von den Großeltern. Ich weiß auch nicht, was ich noch machen soll. Und jetzt die Konfirmation."

„Selbst die Mitkonfirmanden sind sauer", erzählte Gräf. „Sie sagen sich, wir waren im Unterricht, haben gelernt und sind nun dagegen, dass Jan, der nichts für die Konfirmation getan hat, konfirmiert wird."

„Natürlich verstehe ich sie und die anderen Konfirmanden. Aber was soll ich machen. Andererseits hat der Junge nur seine Freundin im Kopf. Dauernd hängen sie im Zimmer rum, hören Musik. Keine Spur vom gemeinsamen Lernen. Im Haushalt helfen ist eine Zumutung. Ich kann's fast nicht mehr ertragen. Und wenn es dann richtige Probleme gibt, wie jetzt, dann soll ich die Kastanien aus dem Feuer holen. Ich will es nicht. Deshalb ist es vielleicht ganz gut, dass er nicht konfirmiert wird und er darüber nachdenken muss, dass nicht alles im Leben vom Himmel fällt. Nur bitte reden Sie mit ihm, damit er es versteht."

Man trank noch eine Tasse Kaffee, dann fuhr Gräf ins Krankenhaus. Frau Rüdiger hatte eine neue Hüfte erhalten. Das Laufen war zuletzt unerträglich geworden, so hatte sich seine aktivste Mitarbeiterin im Kirchenvorstand zur Operation entschlossen.

„Hallo, Frau Rüdiger, wie geht's Ihnen denn?", begrüßte er die Kleindottersdorfer Patientin im Stadtkrankenhaus. „Herr Pfarrer, das ist aber schön, dass Sie mich besuchen. Ich habe schon gestern mit Ihnen gerechnet", lachte sie und erzählte von Narkose, Ärzten und der guten Fürsorge der Schwestern.

„Hier ist was los, sage ich Ihnen. Das glauben Sie nie und nimmer. Neben mir liegt Frau Umbach. Sie ist 91, kann laufen wie ein Turnschuh. Nur der Geist will nicht mehr so richtig. Wache ich doch letzte Nacht auf. Es war so gegen drei Uhr. Da höre ich ein Rauschen im Zimmer.

Zuerst habe ich mir nichts dabei gedacht und die Augen wieder geschlossen. Ich war nach der Operation einfach noch müde. Doch das Rauschen hörte nicht auf. Ich öffne die Augen, schalte das Licht an und sehe ein Bild, wie im Panoptikum. Frau Umbach sitzt im Waschbecken, hat sich wohl in der Suche nach der Toilette geirrt. Nun gut und egal. Auf jeden Fall hat die alte Dame dabei den Wasserhahn abgebrochen, und das Wasser sprudelte fröhlich vor sich hin.

Frau Umbach kam nicht aus dem Becken, und das Wasser stand mittlerweile im Zimmer. Zuerst musste ich furchtbar lachen. Es war auch ein zu komisches Bild. Dann habe ich die Schwestern herbeigeklingelt. Die schlugen die Hände über dem Kopf zusammen und versuchten, jemanden zu finden, der das Wasser abstellen konnte. Nur, nachts gibt es im ganzen Stadtkrankenhaus keinen Hausmeister. Genauso mit der Putzkolonne. Die kommt nur am Tag und hat ihre Putzutensilien gut unter Verschluss.

So behalfen sich die Nachtschwestern solange, bis endlich der Hausmeister kam und das Wasser abstcllte, provisorisch mit Bettlaken und Schüsseln aus der Stationsküche, um der Krankenzimmerüberschwemmung Herr zu werden. Frau Umbach lag derweilen längst wieder in ihrem Bett, war eingeschlafen und schnarchte fröhlich vor sich hin.

Sie sehen, Herr Pfarrer, langweilig ist es im Krankenhaus selten. Aber froh bin ich schon, wenn ich nächste Woche zur Reha komme. Die Osternacht müssen Sie leider ohne mich feiern, und ich werde meine Kleindottersdorfer Kirche vermissen. Und natürlich Sie, Herr Gräf, Ihre Predigten, Ihre fröhlich, ernste und liebevolle Art haben in mir neue Freude an der Kirchengemeinde geweckt. Das wollte ich Ihnen schon lange sagen. Und jetzt beten wir noch zusammen."

Um kurz nach eins kamen Friederike und Martin aus der Schule. „Papa, ich habe furchtbaren Hunger", waren die Begrüßungsworte seines Sohnes. „Wie wäre es, wenn wir drei Pizza essen gehen?", antwortet Klaus Gräf. „Ich hatte keine Zeit, irgendetwas vorzubereiten." Martin bestellte eine „Hawaii" mit Tomaten, Käse, Ananas und Schinken, Friederike bevorzugte eine kleine „Margherita" mit Käse und Tomaten, und Klaus Gräf blieb bei seiner gewohnten „Vier-Käse-Pizza" mit Tomaten, Gorgonzola, Edamer, Mozzarella und Bel Paese.

„Kinder, ich würde gerne mit Sabine zusammenziehen und sie heiraten", meinte der Vater, nachdem alle Schulprobleme durchgesprochen schienen.

„Das habe ich geahnt. Bin gespannt, was Mama dazu sagt", sagte Friederike. „Von Mama bin ich ja nun geschieden und sie ist mit ihrem Manfred hoffentlich glücklich", entgegnete ärgerlich Klaus Gräf.

„Ich weiß", fiel ihm seine Tochter ins Wort, „so habe ich das ja auch nicht gemeint. Ich spüre doch, wie ungern du allein bist und was es dir bedeutet, wenn Sabine da ist. Also, wenn es dich glücklich macht, ist es gut für die Stimmung im Haus. Nimm sie."

Martin verschlang noch eine Pizzahälfte seiner Schwester und startete zu seinem Monolog.

„Ich kann Sabine gut leiden und ihre Kinder sind in Ordnung. Aber ich passe nicht jeden Abend auf Emma und Bastian auf, damit das klar ist."

„Wollt ihr eigentlich noch ein gemeinsames Kind?", fragte Friederike spöttisch, „so alt bist du nun auch wieder nicht. Außerdem kann ich dir ein gutes Vatersein bescheinigen." Klaus Gräf rief ganz schnell den Kellner und bezahlte.

Am Abend saß er in seinem Arbeitszimmer. In einer Stunde war Friedensgebet wegen des Irak-Krieges und noch immer hatte er keine Idee, was er in der Andacht predigen könnte.

Viele waren gekommen. „Ich sehe, hier sind einige, die noch den letzten Weltkrieg miterlebt haben", begann Pfarrer Gräf seine Ansprache. „Es wäre gut, sie erzählten uns davon, was sie im Krieg zu Hause oder im Feld durchgemacht haben."

Herr Kleinschmidt berichtete von schrecklichen Erlebnissen an der Ostfront, seine Frau von Bombennächten in der Stadt. Frau Köhler hatte Tränen in den Augen, sie dachte an ihren gefallenen Sohn und den vermissten Mann. Alle Berichte brachte man dann zusammen mit den Sorgen und Hoffnungen um den Frieden vor Gott ins Gebet.

„Willst du meine Frau werden?"

Pfarrer Gräf stand noch eine Weile vor dem Altar der Kleindottersdorfer Kirche. Er löschte die Kerzen. Die Friedensandacht ging ihm nach.

Die offenen Worte der Kirchenbesucher, ihre eigenen Kriegserlebnisse, von denen sie berichteten, hatten ihn tief bewegt. Und selten hatte der Pfarrer von Kleindottersdorf die Gegenwart Gottes so intensiv gespürt wie an diesem Abend in seiner Kirche.

Im Kreis hatte man zuletzt zusammengestanden, nachdem man die Ängste und Sorgen ausgetauscht hatte.

Alle reichten sich die Hände, beteten das „Vaterunser", sangen „Verleih uns Frieden gnädiglich" und hörten den alten vertrauten Segenszuspruch: „Der Herr segne dich und behüte dich."

Klaus Gräf war froh, in diesem Dorf zu leben. Er liebte die Gemeinde, die Menschen. Er kannte ihre Fragen, wusste, wo der kleine oder große Schuh drückte und fühlte sich geborgen in dieser Gemeinschaft.

„Lieber Gott", murmelte er und schaute auf das alte Kruzifix auf dem Altar, „ich danke dir. So vieles ist anders gekommen, als ich mir das gewünscht habe. Aber es ist gut so. Danke."

Der Pfarrer drehte den großen Kirchenschlüssel zweimal und versicherte sich, dass die Kirchentür auch wirklich verschlossen war. Die Kirchenbesucher waren längst zu Hause.

„Jetzt muss ich noch Sabine anrufen", dachte er und war gespannt, was sie auf seinen Antrag sagen würde. Ein bisschen Angst hatte er schon. Was ist, wenn sie nein sagt oder ihn gar auslacht. Fast 18 Monate war es her, dass sich Klaus Gräf in Sabine Fischer verliebt hatte und er liebte sie jeden Tag ein bisschen mehr. Ein Leben ohne sie konnte er sich nicht vorstellen.

Trotzdem gab es Streit und Missverständnisse. Gräf wusste, dass er viel zu bestimmend war. „Das kommt halt davon, wenn man immer im Mittelpunkt steht", hatte er bei der letzten heftigen Auseinandersetzung entschuldigend bemerkt. „Was soll ich telefonieren, ich fahre einfach zu Sabine und überrasche sie", sagte er zu seinen Kindern.

Martin und Friederike kannten die spontanen Ideen ihres Vaters und schauten pflichtbewusst überrascht. „Papa, fall nicht auf die Knie, du könntest in deinem Alter nicht wieder hochkommen", grinste Friederike. „Vergiss den Kaktus nicht", lästerte Martin und wünschte guten Erfolg.

„Ihr habt beide einen Knall, wartet's ab, bis ihr in die Liebe kommt. Friederike, schau nicht so allwissend. Ich meine, in die richtige, nicht so ein Rumgekuschel wie in ‚Gute Zeiten - Schlechte Zeiten'. Also nehmt euch ein Beispiel an eurem alten Vater, der weiß wenigstens, was er will."

„Ruf an, wenn du angekommen bist", antwortete Martin, den die Diskussion nervte. „Fahr vorsichtig", unterstützte ihn Friederike.

Klaus Gräf fuhr langsam durch die Nacht. „Sabine wird Augen machen, wenn ich plötzlich bei ihr auftauche, einfach so mitten in der Woche", freute er sich. Die ersten Häuser der Stadt tauchten auf. In den meisten Fenstern spiegelte sich das Licht des Fernsehers. Klaus Gräf bog von der Hauptstraße ab in die Hamburger Allee.

Endlich, ihr Haus. Alles dunkel, nirgends Licht. Klaus Gräf parkte den Golf und klingelte an der Haustür. Keine Reaktion. Erneut drückte er den Klingelknopf. Dann ein Lebenszeichen, die Lampe im Schlafzimmer leuchtete auf.

Sabine erschien im Bademantel an der Tür. „Was machst du denn hier um diese Zeit?", empfing sie Klaus Gräf. „Lass mich erst mal rein, ich hatte einfach Sehnsucht nach meiner großen Liebe."

„Und mein Pfarrer ist völlig verrückt", lachte Sabine, „aber bitte sei leise, Emma und Bastian schlafen. Ich hatte heute einen wahnsinnig anstrengenden Tag und wollte nur noch ins Bett."

„Ich komme mit", meinte Klaus Gräf, „aber zuerst möchte ich dich was fragen."

„Ach, du hast Fragen, wo du doch meist auf alles eine Antwort weißt, ist ja komisch. Wie war es eigentlich in der Oper und wer von deinen vielen Bekannten war diesmal deine Begleitung?", fragte Sabine und ein eifersüchtiger Ton war nicht zu überhören.

„Du wolltest ja nicht mit, musstest unbedingt auf den Geburtstag deiner Freundin", entgegnete Klaus

Gräf. „Sollte ich etwa die Theaterkarte verfallen lassen? Monika war mit, und es war eine sehr schöne Inszenierung. Hätte dir gefallen. Ich finde, das Thema ist jetzt ausgereizt. Hast du keinen Wein im Haus?" Dann saßen die beiden im Wohnzimmer und besprachen die Gestaltung der Osterferien.

„Gründonnerstag ist die ‚Nacht der verlöschenden Lichter' mit Abendmahl, Karfreitag die Feier der Todesstunde Jesu, am 1. Ostertag um 6 Uhr ist die Osternacht und am 2. Ostertag Familiengottesdienst. Dann hätten wir eine Woche frei."

„Prima, und wohin fahren wir?", fragte Sabine. „Wie wäre es mit Mallorca. Die Kinder könnten am Pool baden und wir hätten vielleicht sogar Zeit für uns", meinte Klaus Gräf.

„Gut, ich schau mal bei Last Minute, aber was wolltest du eigentlich fragen, warum bist du so plötzlich hier aufgetaucht?"

„Sabine, das ist nicht so einfach. Ich habe dir oft gesagt, dass ich dich sehr liebe. Also gut, lange Rede, kurzer Sinn: Sabine, ich möchte dich heiraten. Willst du meine Frau werden?"

Sabine schaute verdutzt. „Muss ich dann nach Kleindottersdorf?", lachte sie. „Also, mein lieber Klaus. Ich liebe dich auch. Aber heiraten, das geht mir zu schnell. Wir ziehen zuerst mal zusammen und dann sehen wir, wie es uns damit geht. Bis jetzt kennen wir uns nur von Wochenendbesuchen, Urlauben und anderen schönen, aber viel zu wenigen Begegnungen. Die Kinder lieben dich und ich kann mir eine Ehe mit dir vorstellen. Lass mir noch Zeit. Außerdem sind wir bald zu fünft."

„Was?", rief Klaus Gräf mit großen Augen, „bist du schwanger?"

„Unsinn, Bastian und Emma wünschen sich eine Katze, und die sollen sie haben. Meine zwei Kinder und deine zwei und eine Katze macht fünf. So einfach ist das. Wann ziehen wir ein?"

„Wie wäre es, wenn wir Mallorca lassen und in der Woche den Umzug gestalten", meinte Klaus Gräf.

„Eine gute Idee, Herr Pfarrer. Was für ein Abend, wer hätte das heute Morgen gedacht. Komm, lass uns schlafen gehen."

So endet der erste Teil der Geschichten aus Kleindottersdorf.

Ob und wann Sabine Fischer und Klaus Gräf heiraten, der Gemischte Chor den Sängerwettbewerb gewinnt, der Posaunenchor auf einer Bläserfreizeit die Töne verliert, Kirchenvorstand und Dekan das neue Leben im Pfarrhaus akzeptieren, erzählen Geschichten aus Kleindottersdorf zu späterer Zeit.